梦想的力量
中国梦青少年读本

走向世界之梦

ZOUXIANG SHIJIE ZHI MENG

刘　勇
李春雨
主　编

侯　敏
姚舒扬
副主编

李春雨
孙亚男
赵　越
编　著

北京师范大学出版集团
BEIJING NORMAL UNIVERSITY PUBLISHING GROUP
安徽大学出版社

图书在版编目(CIP)数据

走向世界之梦/李春雨,孙亚男,赵越编著. —2 版. —合肥:安徽大学出版社,2014.9

(梦想的力量:中国梦青少年读本/刘勇,李春雨主编)

ISBN 978-7-5664-0846-4

Ⅰ.①走… Ⅱ.①李… ②孙… ③赵… Ⅲ.①爱国主义教育—中国—青少年读物 Ⅳ.①D647-49

中国版本图书馆 CIP 数据核字(2014)第 219751 号

出版发行:北京师范大学出版集团
　　　　　安 徽 大 学 出 版 社
　　　　　(安徽省合肥市肥西路 3 号 邮编 230039)
　　　　　www.bnupg.com.cn
　　　　　www.ahupress.com.cn
印　　刷:合肥市裕同印刷包装有限公司
经　　销:全国新华书店
开　　本:170mm×230mm
印　　张:13.5
字　　数:130 千字
版　　次:2014 年 9 月第 2 版
印　　次:2014 年 9 月第 1 次印刷
定　　价:24.80 元
ISBN 978-7-5664-0846-4

策划编辑:赵月华　钟　蕾	装帧设计:李　军
责任编辑:刘金凤	美术编辑:李　军
责任校对:程中业	责任印制:赵明炎

版权所有　侵权必究

反盗版、侵权举报电话:0551-65106311
外埠邮购电话:0551-65107716
本书如有印装质量问题,请与印制管理部联系调换。
印制管理部电话:0551-65106311

总序

中国是有着五千多年灿烂历史文明的泱泱古国。周秦伟业、两汉文明、大唐盛世、宋季富士、元朝拓疆、明代兴旺、康乾胜景，历史上伟大的时代与悠久的历史文明，不仅让我们每个炎黄子孙倍感骄傲，而且令世界人民叹为观止。而时至清朝，当欧洲已经走出长达八百多年中世纪的黑暗，在文艺复兴运动，接受一系列新知识、新技术的时候；当18世纪初牛顿发现了万有引力定律、莱布尼茨建立了微积分体系、培根喊出了"知识就是力量"的时候；当英国正在大张旗鼓地进行工业革命的时候，中国却仍然沉浸在"天朝上国"的迷梦和农业经济繁荣的落日余晖之中，根本不知道世界正在发生翻天覆地的巨变。结果是中国为此付出了沉重而惨痛的代价，鸦片战争失败后所签订的丧权辱国的中英《南京条约》，使中华民族承受了巨大而空前的屈辱，于是无数的仁人志士开始为振兴中华而奔走呼号，甚至抛头颅、洒热血。从洋务运动、戊戌变法、辛亥革命,直到中华人民共和国成立,中国人民为了寻求挽救国家于倾颓的伟大梦想,走过了一段艰难曲折的历程。

五四运动是这一历程中重要的一步,成为近现代国人真正觉醒的辉煌的起点。五四运动的先驱在高扬"民主""科学"伟大旗帜的同时,将目光聚焦于文学。我们还清楚地记得,无数有识之士都不约而同地将目光集中投向了青年!五四新文学与新文化运动中最重要、最让人瞩目的刊物就叫《新青年》,陈独秀所写的《敬告青年》满含殷殷之情、拳拳之心,至今令人难忘。回想当年,陈独秀为什么要创办《新青年》?为什么要写《敬告青年》?以陈独秀为代表的那代人为什么那样关注青年?难道是因为他们心血来潮吗?难道是因为他们认为青年必然胜过老年吗?不是的!他们清醒地意识到,民族伟大复兴的梦想不是一代人所能完成的,甚至也不是两三代人就能实现的。这个伟大的使命势必要由数代青年前赴后继,不断努力地去承担、去完成、去实现!

陈独秀在《敬告青年》一文中的慷慨陈词:"青年如初春,如朝日,如百卉之萌动,如利刃之新发于硎,人生最可宝贵之时期也。青年之于社会,犹新鲜活泼细胞之在人身。"亦如梁启超在《少年中国说》中所言:"老年人常思既往,少年人常思将来。惟思既往也,故生留恋心;惟思将来也,故生希望心。惟留恋也,故保守;惟希望也,故进取。

惟保守也,故永旧;惟进取也,故日新。"这样的言辞虽然有些绝对,但却道出了青少年乃国家与民族未来希望之实质。

从晚清起到今天,心怀强国梦想的中国人奋斗了一百多年。虽然在这一百多年中,几代人前赴后继,为中华民族开辟了一条通往伟大复兴之路,但在这条复兴的道路上,还需要我们继续努力。实际上,以"中华民族伟大复兴"为旨归的"中国梦"正像五四新文学先驱者们所预测的那样:还需要几代人去实现。也就是说,还需要几代青少年去不断地努力与拼搏。所以,让青少年了解什么是"中国梦",让青少年了解"中国梦"的实现对于我们国家与民族的根本意义,是多么急切,多么重要!这就是我们出版这套"梦想的力量:中国梦青少年读本"丛书的初衷。

这套丛书,紧紧围绕着"理想信念""少年成长""教育强国""科技腾飞""文学艺术""悠悠历史""求真探奇""城乡和谐""平凡人生""走向世界"等十个与"中国梦"密切相关的主题,用许许多多生动有趣的故事,向怀揣梦想的青少年说明:"中国梦"这三个字绝对不是口号、不是空想。相反,它有着丰富的文化内涵和底蕴,它涵盖了我们生活的方方面面,彰显在历史、科技、文学艺术等各个领域。它既可以体现为伟人在其人生历程中所追求的理想信念,也可以体现为普通人在平凡的人生中所坚守的一个个小小

梦想；它既可以体现为老一辈对于自己梦想的执着守望，也可以体现为年轻一代对于未来的无限憧憬。

我们之所以把这些故事讲给青少年听，是想让青少年了解那些曾经发生和正在发生的感人故事，让他们真正体悟梦想的实现都不是一蹴而就的，而是要付出辛劳和汗水；让青少年在这些生动感人的故事的熏陶下培养自身坚强、勇敢、勤劳的优秀品质；让青少年通过这些故事反观自身，从而激发他们面对挫折时的斗志和勇气；让青少年了解什么是"中国梦"，为什么要实现"中国梦"；让青少年明白自己在实现民族伟大复兴的"中国梦"的历史进程中肩负着什么样的责任。

"梦想的力量"在根本上来自青少年！

"中国梦"的实现归根到底在于青少年！

刘　勇　李春雨

2014 年 1 月

目录

没有张骞通西域,安得佳种自西来 // 1
鉴真东渡传佛法 // 7
"云门"舞者林怀民 // 15
让世界见证中国功夫 // 24
把华语电影推向世界的华人导演 // 31
火箭队的中国"小巨人" // 37
从乡村走向世界的俞敏洪 // 46
好莱坞的中文老师 // 52
异国再续支教梦 // 58
辞去美国特警职务的"海归"警官 // 65
美国劳工部部长的中国心 // 72

华侨故乡寻故梦 // 79

利比里亚的中国军医 // 86

铸造中非"友谊之路" // 92

中国援外医疗队的执着 // 99

"洋美猴王"的京剧梦 // 109

爱唱中国歌的黑人兄弟 // 115

泰国公主的中国情 // 122

"白衣战士"白求恩 // 130

费正清的跨国友谊 // 138

让世界听到上海的"声音" // 144

"我有一颗中国心" // 152

美国教授厦门情 // 158

西藏盲童的光明使者 // 165

"我是一个中国人" // 174

守护长城的英国志愿者 // 182

胡同里的洋老板 // 189

"日本兵"的中国演艺之路 // 197

后记 // 205

没有张骞通西域,安得佳种自西来

在今日的甘肃省阳关博物馆内,有一尊塑像,马儿雄壮矫健,疾驰向前,穿梭于云彩之间,骑在马上的人右手持节,左手挽住缰绳,目光炯炯有神,意气风发,似乎在看着前进的方向。他就是我国汉代张骞。

今天,当我们行走在祖国的大西北时,人们总会不自觉地想起张骞。"酒泉的烤肉好吃!"在兰州,烤肉老板会告诉你烤肉的多种吃法,还会顺便带一句:"烤肉里的孜然是张骞带回来的。"张骞已经与这块土地融为一体。人们想到他经酒泉、过敦煌出使西域,总会情不自禁地感叹,这个土生土长的汉中男儿,是如何在这戈壁绿洲之间艰难前行的,是如何在经历了百般苦难后依然怀揣着开辟道路、走出国门的梦想的。

回看2 000多年前,张骞的坎坷西域路。早在刘邦当政之时,汉朝就曾与匈奴和亲,以求能够和平共处。那时中原王朝可以说有了真正意义上的外交,以及有了与其他国家加强交流,建立友好关系的意识。然而,和亲并不能解决根本问题,北方的匈奴依然时常侵犯,滋扰边疆百姓的生活,给朝廷带来了很大困扰。

汉武帝时,国力强盛,决定用武力消除匈奴的滋扰。汉武帝听说大月氏与匈奴历来不和,结有世仇,便萌生了一个想法:与大月氏联合起来一同对抗匈奴。

公元前139年,张骞奉汉武帝之命第一次出使西域,经河西走廊,旅途之艰难,难以言表。途中遭到匈奴围追堵截,被软禁10年。匈奴对张骞威逼利诱、软硬兼施,引诱他臣服于匈奴,但始终没有成功。因为张骞一直没有忘记自己的使命,没有忘记自己是大汉的子民,而且他通使大月氏的决心和意志丝毫没有动摇。

被软禁10年后,有一天张骞终于找到机会和随从堂邑父(一位归顺汉的胡人)逃出了匈奴的魔爪,开始了逃往大月氏的征途。逃亡的生活是艰苦的,途中,他们颠沛流

离,备尝艰辛。他们穿过上无飞鸟、下无走兽,遍地死人枯骨的白龙堆,翻越寒风凛冽、野兽游走的葱岭,来到了伊犁河畔。但十年如一梦,伊犁河畔早已物是人非,说服大月氏的使命最终无果。回长安的途中,张骞一行人不幸又被匈奴俘获,又被监禁了一年。公元前126年,匈奴发生内乱,张骞等人抓住了这个绝好的时机,终于逃回了长安,回到了自己的祖国。

13年的风风雨雨、13年的坎坎坷坷,他们在中国历史上留下了重要的一笔。张骞一行去时100多人,归来时张骞身边只剩下了在西域所娶的妻子和堂邑父两人,其他随从都亡命途中,将生命留在了那风沙肆虐的边疆。这次出使虽然没有达到最初的目的,但是张骞等人带回来了许许多多宝贵的材料,对西域的地质地貌、交通路线、社会生活、人情风俗等都有了详尽的了解,这些都为后来汉朝开辟通往中亚、西亚的交通要道奠定了基础。

张骞回长安后,向汉武帝详细地讲述了他的所见所闻。之后,汉武帝派出李广、卫青、霍去病等大将勇猛作战,西北边疆终于得以安定。张骞最初的梦想实现了,然而,战争只能维持一时的安逸,张骞认为只有与西域各国

建立友好关系,互通有无,才能真正地避免战争。

于是,公元前119年,汉武帝派张骞第二次出使西域。这一次,张骞带着300人的使团,骏马600匹、牛羊万头及许多金帛货物,再次西行,试图联合乌孙国,以加强对匈奴的防范。此时的河西走廊已为大汉所控制,张骞一行顺利西行,他游说西域各国与大汉交好,又分派持节副使出访大宛、康居、大月氏、大夏、安息、身毒等国,途中只要发现有可以派遣使者出访的地方,他就立即派使者出访。经过多年的努力,汉朝与西域逐渐建立了联系。安息国的使者不断出使长安,与长安建立了贸易关系,而汉朝的使者出使安息国时也受到了安息国的热烈欢迎。连一开始不愿意建立关系的乌孙国也在张骞回汉时,派了使者与张骞一同来到了长安。随后,乌孙王还以良马千匹为聘礼与汉和亲,于是汉武帝就将江都公主细君嫁给了他。从此,汉朝与西域的交往就更加密切了。

张骞第二次从西域归来后,因年事已高,再加上多年的奔波劳苦,早已身疲力竭,第二年便与世长辞了。

张骞可能从未想到,他为之奉献了半生的事业打开了

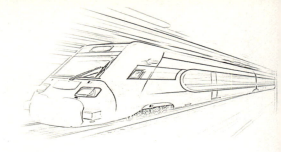

通往中亚、西亚、欧洲,甚至北非的大门。而且张骞的两次出使,加强了中原与西域的联系,两者之间的经济、文化交流越来越频繁,中国先进的技术,如冶铁术和农作物的种植法、丝绸、陶瓷等都输出到外国,传播到了西方;而西方的葡萄、苜蓿、胡桃等作物也传入中国,这些不仅促进了中国农业的发展,而且在一定程度上丰富了中国的文化。久而久之,一条繁华的商路出现了,这就是著名的"丝绸之路"。千百年前,丝绸之路上的使者、商人络绎不绝,热闹非凡,丝绸之路成了中外交流的最初纽带。

时至今日,张骞不仅刻在了中国西北百姓的心中,而且受到其他国家人民的敬仰。他故乡汉中的父老乡亲不仅没有忘记他,而且因他而自豪。张骞的故乡是汉江边的"白崖村",因张骞曾被封为"博望侯",所以也叫"博望村"。村里的人现在将蚕豆称为"胡豆"、黄瓜称为"胡瓜"、芝麻称为"胡麻",当人们问起他们为什么这么叫时,村民们会骄傲地诵起"不是张骞通西域,安得佳种自西来"。

河西走廊 河西走廊自古是通往新疆及中亚、西亚的要道。它在甘肃省西北部祁连山以北、合黎山和龙首山以南、乌鞘岭以西。它东西长约1 000千米,又因其在黄河之西,故被称为"河西走廊"。

※ ※ ※

苟利国家生死以,岂因祸福避趋之。

——(清)林则徐

鉴真东渡传佛法

站在海边,向东望去,茫茫大海浩浩荡荡。请问这一望无际的大海,你是否还记得,1 000多年前那个为了弘扬佛法而东渡日本的僧人呢?你是否还记得那个几乎被海水吞噬,即使双目失明也要执着地坚持信念、不放弃传播中国文化的僧人呢?他就是被日本人尊称为"过海大师"的鉴真。

一缕缕钟声飘扬在大云寺的上空,清静邈远。晨钟吵醒了熟睡中的鸟儿,它们在树林里叽叽喳喳地叫着,开始一天的生活。大云寺中树木繁密,郁郁葱葱,几条林间小路曲曲折折,通向高处,向上望去,竟消失在茂密的树林中了。清晨时分,几位中年妇人挎着篮子,拿着香火,准备入寺祭拜。这时,一对父子出现在寺院门口。

"父亲,这是什么地方?"

"这是大云寺,这里住着很多高僧,他们潜心研究佛法。咱们来这里拜拜佛,求佛祖保佑咱们一家平平安安,也让你能长长见识。"

父亲领着小儿子来到了大殿,这个小男孩对这里感到新奇,看看这儿,看看那儿。当他看到大殿里的一尊佛像时,他惊呆了。这尊大佛是那么慈祥仁厚、安静祥和,好像能够包容世间万物。小男孩站在佛殿中央,与佛像四目相对,一瞬间仿佛世上只剩下他和这尊佛像了,其他的一切都消失得无影无踪。他被吸引、被震撼了。于是,他对父亲说:"父亲,将来我也要出家,成为一名高僧。"

14岁时,小男孩再次来到了大云寺,被智满禅师收为沙弥。入寺后,他勤勉善学,后来成为扬州大明寺(今法净寺)住持,讲律传法,世人称他为"鉴真大和尚"。鉴真生活的唐朝国力强盛、文化繁荣,是周边国家向往的国度。那时,佛教已经在华夏大地上扎了根,不仅寺院林立,而且高僧辈出,信徒众多。

唐玄宗天宝元年(公元742年),日本僧人荣睿、普照来中国游学,受日本天皇之命,他们要在中国寻得一位高

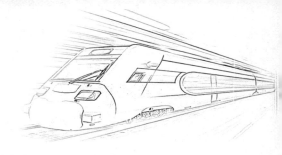

僧去日本弘扬佛法。而鉴真大和尚当时名扬天下,是名副其实的得道高僧。荣睿、普照二人听说鉴真大和尚的功德之后,十分敬佩,从长安专程赶到大明寺拜访他。见到鉴真大师后,二人虔诚地行了弟子之礼,说:"茫茫大海之中,鄙国与贵国相距万里。我们虽然有三藏法,但缺少传法高僧,就好比深夜里去幽暗的房间取宝物而没有蜡烛,都是徒劳啊。我们受天皇之命,恳请大师能够暂时放弃优越的生活环境,到我们国家去传播佛法吧。"见二人言辞恳切,且传播佛法本来就是僧人应该做的,于是,鉴真便答应了。他看着弟子,问道:"有谁愿意跟我一起去?"

僧人们都十分了解,此行路途遥远,又是海路,谁也不想冒这个险。过了许久,殿下仍是一片沉默。此情此景,让鉴真大和尚无比心寒,但他既然答应了,就决不反悔:"为了传播佛法,牺牲生命我在所不惜,你们不去,我一个人也要去!"一些弟子被师父的态度打动了,最终有二三十名僧人愿意与鉴真一起东渡日本。

万事俱备,只待良辰吉日,鉴真一行人就可以出发了。弟子们十分兴奋,互相打气,鼓舞精神。"大家都是有修为的人,东渡之后一定能做出贡献的,不过,如海你就别去了,你的学识尚浅,还是待在寺中再修炼些时日吧。"不料,鉴真弟子道航的这句玩笑话伤害了如海和尚。如海心有不平，十分气愤，便前去报官，说鉴真一行人造船出海是想与海盗勾结，攻打扬州。官府先是派人搜查寺院，后又以海上不安全为由拒绝了鉴真东渡的要求，同时没收了他们的船只。就这样，第一次东渡计划夭折了。

第二年，鉴真再次决定东渡。上次的经验教训让他知道，事先一定要有周密的计划。这次，鉴真不仅准备好了船只、食粮，还在官府备了案。他们终于顺利出行。可天有不测风云，他们在长江口的狼沟浦遇到大风浪，被困在了舟山群岛一带，第二次东渡也失败了。经历两次失败后，很多僧人已经灰心丧气了，但鉴真依然怀抱着传播佛法的宏愿，没有一丝的气馁。

没多久，鉴真决定再次出海。但这一带的僧人舍不得鉴真大和尚远渡他国，便千般阻拦，鉴真最终没能出海。既然江浙一带不适合出海，鉴真便决定从福州买船东渡。可是，鉴真的弟子灵佑担心鉴真大师的安危，苦苦哀求官府一定要拦住鉴真，于是鉴真便被押了回来，这一次东渡又失败了。

时光流逝，一晃6年过去了。鉴真东渡的愿望一直未能实现，一想到日本使臣就心中有愧。唐玄宗天宝七年

(公元748年),荣睿、普照再次来到大明寺,恳求鉴真大和尚东渡。他们的再三请求让鉴真又下了一次决心,竭尽全力东渡。鉴真率领僧人、工匠、水手共35人,再次从长江口出发。出海之后一切顺利,鉴真终于放心了。

"和风煦煦,水波不兴,真是个好兆头!"鉴真一想到数月后就能踏上那个神秘的国度,内心激动不已。

"大师,我看这次应该是没有问题了,有佛祖庇佑,这次我们一定可以到达。"

船儿在海上平稳地行进着,海鸥跟在船儿后面,"嗷、嗷"地叫着,一片祥和。船上的僧人和工匠心情也放松了,都盼着早日到达目的地。

但世事难料,"大师……快……快过来……抓住桅杆……"一名僧人大喊。船遭到强大的北风袭击,在海上漂来漂去,海水被风卷起,击打着船身。船上一片狼藉,有的人被冲到了船头,有的人被冲到了船尾,所有人都慌了,不知道接下来该怎么办。风暴过后,残破的船只因失控而迷失了航向,漂流在海上,没有了粮食,没有了淡水,僧人们一连五天五夜滴水未进,一个个病倒了。但天无绝人之路,正当所有人都快坚持不下去的时候,天降大雨,挽救了鉴真等人的性命。船只在海上漂流了14天,终于靠了岸,但此岸并不是日本,而是海南岛南部,也就是今天的三亚市。当时,这里是蛮荒之地,鉴真登陆之后,将中原文化传授给了当地的人们,并为当地人讲授佛法。在今天的三亚崖镇的"大小洞天"风景区中,就矗立着一座"鉴真登岸群雕",以此来纪念这位伟大的僧人。

海南湿热的天气让鉴真很不适应,在海南生活的几年里,他疾病缠身,特别是眼疾,让鉴真备受折磨。对未来,他感到迷茫无助,为了东渡,已经有30多位僧人先后死去,这样的现实让鉴真内疚。可是如果放弃,那些为此丧命的僧人不是白白牺牲了吗?正在他犹豫不决之际,日本高僧荣睿因病圆寂,普照也离鉴真而去。鉴真悲痛万分,觉得愧对邻国。更不幸的是,鉴真的大弟子、他最忠诚的跟随者祥彦也在途中坐化,他痛彻心扉,下决心一定要达成宏愿。由于旅途劳顿,鉴真的眼疾没有得到及时治疗,双目失明,但在弟子们的陪伴下,他再次为东渡做准备。

公元753年,日本再次派遣使者来邀请鉴真出使日本。这一次,鉴真跟随日本遣唐使大船向东驶去。经过一个多月的航行,鉴真从日本萨摩登陆,可惜的是,他已看不到日本的天空,看不到人们脸上的神情,但他心里依然激动万分,因为为之奋斗了十几年的梦想终于实现了。

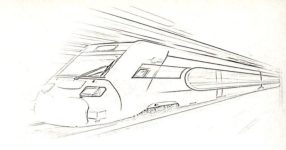

鉴真到日本后,受到了热烈欢迎。一年后,他们被迎入日本京都奈良最著名的东大寺,鉴真在此传讲佛法。鉴真与同去的弟子将医药、书法、文学、制陶等中华文化带到了日本。他虽双目失明,但凭借惊人的记忆力,用耳听的方式帮日本僧人校对了大批佛经,并为日本修订了药典,他为日本贡献了他的才华和智慧,对日本后世的文化发展也产生了深远影响。鉴真66岁抵达日本,到日本之后,他勤勉工作。10年后,鉴真终因积劳成疾而圆寂,享年76岁。他永远地长眠在异国的土地上了。据说,他圆寂之时,面向西方的祖国,微睁的双眼中饱含着渴望和思念。

大师虽然离去,但历史不会停歇。他为促进中日文化交流及建立中日和谐友好关系做出了贡献。他不屈不挠的精神一直为中日两国人民所敬仰。鉴真去世后,他的弟子为他塑造的坐像一直被供奉在奈良唐招提寺中,被日本视为"国宝"。1980年,这座珍贵的坐像"回乡探亲",这成为中日邦交史上的一件大事。日本的中学历史教科书中同样高度赞扬了高僧鉴真为中日文化交流做出的贡献,尊称他为"过海大师""唐大和尚",而且鉴真最后一次东渡的起航处——张家港黄泗浦也成了中日文化交流的基地。

奈良　奈良，日本历史名城，奈良县首府。公元710年至公元784年，奈良是日本的首都，它仿效唐都长安而建，故又称"平城京"。6世纪至8世纪，奈良一直是日本的政治、文化中心，在日本历史上占有非常重要的地位。1950年定为国际文化城。

❋ ❋ ❋

古之立大事者，不惟有超世之才，亦必有坚忍不拔之志。

——（宋）苏轼

"云门"舞者林怀民

林怀民是享誉国际的中国台湾编舞家,他创办的"云门舞集"是华人圈里的第一个专业现代舞团,也是亚洲顶尖、世界一流的舞团,曾在200多个舞台上演出过1 500多次,以其独具的东方魅力,赢得了多国评委的赞赏和观众们的认可。《泰晤士报》评价它是"亚洲第一当代舞团",《法兰克福汇报》认为它是"世界一流现代舞团"。

1947年,林怀民出生于台湾省嘉义市,从小痴迷于文学。1961年,年仅14岁的他就开始发表小说,一鸣惊人。就在同一年,他观赏了美国何塞·利蒙现代舞团在台湾的精彩演出,因此对舞蹈产生了兴趣。于是,他报名参加了舞蹈课,为期两个月。在大学学习期间,林怀民始终没有忘记自己怀揣的舞蹈梦,新闻系专业的他一边攻读学位,一边研习现代舞。22岁那年,林怀民出版了中短篇小说集《蝉》,轰动一时,这让他成为20世纪六七十年代中国台湾文坛引人注目的作家。大学毕业以后,他留学美国,在密苏里大学新闻系硕士班继续深造。在此期间,他开始在玛莎·葛兰姆舞蹈中心和摩斯·康宁汉舞团学习现代舞。慢慢地,林怀民开启了自己的舞者生涯。1972年,他从美国艾奥瓦大学英文系小说创作班毕业,并获得了艺术硕士学位。当其他同学纷纷想办法留在美国时,林怀民却选择回到中国台湾。

林怀民一直都有一个愿望——用中国文化来演绎属于中国人的舞蹈,从而形成独具特色的中国舞蹈风格。于是,1973年,留学归来的林怀民在台湾创办了"云门舞集"这个现代舞蹈表演团。"云门"两字取自中国古籍《吕氏春秋》中的一句话:"黄帝时,大容作云门。""云门"相传为中国最古老的舞蹈,其舞姿、舞步均已失传,只留下了这个美丽的名称。之所以取名为"云门舞集",是因为林怀民希望自己的舞团能够从中国的传统文化中汲取养分。

自创立以来,"云门舞集"就在中国台湾定期与观众见面,其演出遍布中国台湾各地,获得无数赞誉,带动了中国台湾现代表演艺术的发展。许多作品因广受欢迎而一再被搬上舞台,因此,这些作品成为中国台湾地区两三代人

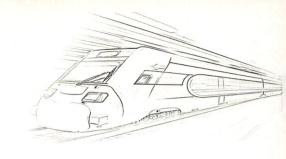

的共同记忆。

　　逐渐成长起来的"云门舞集"开始走向世界。在林怀民的记忆中,初登国际舞台的"云门舞集"就像一个"乡下来的穷孩子"。但在他的带领下,"云门舞集"勇敢地跨出了第一步,且好评如潮。德国权威舞蹈评委约翰·史密特曾赞赏道:"林怀民的中国题材舞作,与欧美现代舞最佳作品相互争辉。"欧洲舞蹈杂志对林怀民的动作语言做出了这样的评价:"'云门'之舞举世无双,它呈现出独特、成熟的中国编舞语言,绝不亚于法兰克福芭蕾舞团对欧洲古典芭蕾的影响。"如今,"云门舞集"已成为欧美歌剧院和艺术节的常客。

　　成立之初,"云门舞集"仅有十来名成员,创立者林怀民既担任编导、艺术总监,又担任演员,是整个"云门舞集"的灵魂人物。他的大量作品都取材于中国传统文化,其舞蹈动作中融入了太极、书法、拳术等传统文化元素。他的代表作品有《寒食》《白蛇传》《红楼梦》《九歌》《水月》《竹梦》《行草》《行草二》《狂草》等,不一而足。在他看来,传统文化,不管是民间故事、文学经典,还是书法美学,都是他的创作源泉。

　　取材于民间神话传说的舞蹈《白蛇传》,是林怀民在利用传统文化的基础上,吸收西方舞蹈创作美学创作出的第

一部走向世界的作品。这个舞蹈中出现了伞、折扇、袈裟、禅杖、竹帘等中国元素,并把传统的中国器乐、戏曲动作与西方现代舞的肢体动作融合在一起,从另一个角度向世界展现了东方的文化与气韵。

1983年,林怀民站在经典文学的肩膀上,用文学与舞蹈中共同的象征手法创造出的作品——《红楼梦》,成为一个不可多得的舞蹈艺术精品。这一年,他获得了第一届"世界十大杰出青年"的荣誉。

屈原的作品《九歌》对林怀民来说,是心仪了数十年的创作题材,在研读了不同时代对这部作品的不同解读之后,他终于在1993年——"云门舞集""开门"20年之际,把它搬上了舞台。无论是视觉方面还是听觉方面,《九歌》这部作品都给人们带来了震撼。在其8个舞段中,林怀民先后使用了中国邹族的迎神曲和送神曲、中国西藏地区的钵乐和喇嘛梵唱、中国卑南族妇女节庆时吟唱的古调、印尼爪哇的加美兰竹乐和吟唱、日本的雅乐、印度北方的笛乐和中国台湾地区朱宗庆的打击乐。这些元素不仅让中国观众体会到动人心弦的史诗般美感,也让外国友人感受到了祭奠英灵的庄重肃穆。通过舞蹈,林怀民不仅为观赏者带来了一种艺术的感动,也为观赏者带来了一种文化的感动。《九歌》也因此成为林怀民作品中一个具有划时代意义的杰作。

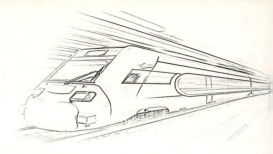

　　1996年,纽约市政府文化局授予林怀民"亚洲艺术家终生成就奖"。1999年,50几岁的林怀民获得了"亚洲诺贝尔奖"之称的麦格塞奖。2000年,他被《欧洲舞蹈》杂志评选为"20世纪编舞名家",并被《国际芭蕾》杂志列为"年度人物"。

　　林怀民于2001年创作了《行草》、2003年创作了《行草二》,2005年创作了《狂草》,合称为"行草三部曲",其灵感来自王羲之、苏东坡、张旭、怀素等中国名家的书法作品。他的创作目的并不在于彰显那些文字的意义,而是从中国书法中探寻美,从而丰富舞蹈的内涵。在这几个舞蹈作品中,"云门舞集"的舞者身着黑色服装在白色舞台上起舞,把身体化为"笔墨",以肢体语言和独特舞步,在舞台上尽情挥毫,向世界各国的观众生动地诠释了中国书法艺术的无限魅力。在参加德国威斯巴登5月国际艺术节时,林怀民的《狂草》得到了高度评价:"沉稳、静止、猛击,所有变化只在一瞬间,我们从未见识过这样的身体技术,如此流利的动作语言;从未见过肢体、精神、空间、形式、节奏、精力,如此和谐地呈现在舞台上。"

　　2009年5月12日,德国舞动国际舞蹈节为林怀民颁发了"终身成就奖",此前只有法国编舞大师贝嘉获得该奖。评审团主席考夫曼赞扬林怀民重视文化内涵,能从传统中汲取元素,如此的创作形式值得欧洲人借鉴。

2013年，对林怀民而言是不同寻常的一年。2013年1月20日，有着"世界现代舞重镇"之称的美国舞蹈节把"终身成就奖"颁发给了"云门舞集"创办人、编舞家林怀民。该奖项创立于1981年，表彰对现代舞做出卓越贡献的编舞大师，多位西方现代舞大师曾获此殊荣，而林怀民则是欧美地区以外的第一位获奖者。美国舞蹈节组委会指出："林怀民对舞蹈无惧无畏的热忱，使他成为当代最富活力与创意的编舞家之一。他常把亚洲传统文化与美学的因素注入舞蹈作品；他的作品不断突破藩篱，重新界定舞蹈艺术……"这个荣誉是国际舞坛对林怀民的又一次肯定。

林怀民在创作过程中一直努力从东方艺术和传统文化中汲取养分。他不但学习和发扬京剧与昆曲的魅力，也去日本和韩国追寻中国古老的舞蹈。他不但介绍中国台湾地区"原始歌舞"，也去贵州研究傩戏。这些努力，都是因为他希望中国最美好的艺术得以发扬光大。他对艺术的执着、对文明的关切和对传统文化的珍视，令人动容。

如今，林怀民带领"云门舞集"已经走过了几十年的时光。虽然一路历经彷徨、痛苦和挣扎，但是他从未放弃信念。他从传统文化中汲取精髓，在世界舞台上让中国文化绽放光芒。他用舞蹈的方式，向世界生动地诠释了东方美、中国美。

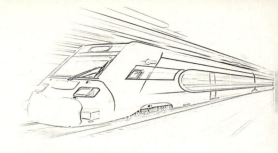

知识链接

玛莎·葛兰姆 玛莎·葛兰姆(1894～1991),美国舞蹈家和编舞家,被称为"现代舞之母"。1926年,成立了自己的舞团"玛莎·葛兰姆舞团",独创玛莎·葛兰姆式舞蹈技法,风靡美国和欧洲许多国家,对后来的现代舞发展产生深远影响。1948年,她成立了"玛莎·葛兰姆当代舞蹈中心"。1951年,她在纽约知名的朱利亚德音乐学院开设了舞蹈学系。其作品多以美国人文或希腊古典神话为主题,如《原始的神秘》《给世界的信》《阿帕拉契山脉之春》和《夜旅》等。1976年,获总统自由奖章,由美国总统杰拉德·福特亲自颁发。1999年,美国《时代》杂志将其评选为"世纪舞蹈家",并尊称她为20世纪重要的舞者之一,和毕加索、斯特拉文斯基两位现代艺术大师齐名。

老骥伏枥,志在千里;烈士暮年,壮心不已。

——(三国 魏)曹操

让世界见证中国功夫

"在我心中,曾经有一个梦,要用歌声让你忘了所有的痛。灿烂星空,谁是真的英雄,平凡的人们给我最多感动……把握生命里的每一分钟,全力以赴我心中的梦,不经历风雨,怎么见彩虹,没有人能随随便便成功。"诚如歌词所写,成龙的一生也是具有英雄情结的一生,他经历了风风雨雨,尝尽了酸甜苦辣。他向世人展现了中国功夫,让世界人民看到了什么是中国功夫,以及其中的丰富内涵。

今天,如果你问外国人"你知道哪位中国影星?"无论是在纽约、伦敦还是在首尔、东京,大家都会说出同一个名字:Jackie Chan(成龙)。有的外国人还会竖起大拇指,说

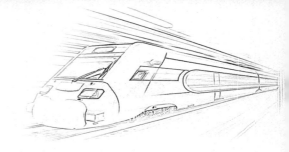

道:"中国功夫!"作为雅典奥运会的火炬手,当成龙举起火炬奔跑时,路边的雅典民众一齐拍手高呼:"Jackie Chan, Jackie Chan!"这就是功夫巨星——成龙。

　　成龙出生于1954年,本名房仕龙。1961年,小成龙便被父母送到香港中国戏剧学校学习京剧。儿时的成龙本来就很喜爱武术,父母的决定很合他的心意。于是,他拜京剧武生于占元为师,开始学习武行。从那一刻起,成龙便开始了长达10年之久的艰苦练功岁月。从早上5点到晚上12点,无论多么辛苦,他都能坚持下来。1971年,17岁的成龙满师了,结业那一天,成龙按照老规矩向师父下跪叩头,这也意味着他只身打天下的日子到了。

　　成龙从武师开始做起,主要是在剧组里跑龙套、当替身。为了能为自己赢得更多的表演机会,他每次都卖力演出。他年轻、身手敏捷,并且不怕吃苦,很多导演都愿意用他。终于有一天,成龙被一位导演看中。此后,在跑龙套、当替身之余,他也拍了一些影片,在香港电影圈开始小有名气。20世纪90年代的香港电影业十分不景气,为了谋求更广阔的生存空间,成龙开始有了打入

国际电影市场的念头。正因为这个念头,成龙来到了世界电影王国好莱坞。来到这里后,他才发现想要立足没有想象中的那么简单。好莱坞对华人演员的认识就是一个字——打,但就在这个"打"字上,成龙无法与他们达成共识,如具体怎么打,成龙与好莱坞的电影人发生过多次争执。美国的很多武术指导都无法接受成龙的动作之快。可是从武行出身的成龙知道,动作表演就是要快才有视觉冲击力,这样观众才会喜欢。另外,在好莱坞的电影里,华人演员的主要角色还只是打手,这些打手角色往往不重要。他发现好莱坞的电影人并没有真正了解中国功夫,更不了解中国文化。看到这种现象,成龙感到很难过。但是作为一个没有声望的华人小演员,成龙是没有话语权的。成龙多么想让世界知道,中国的功夫不是花拳绣腿,而且中国的演员也不是只会几个动作,他们有深厚的文化背景,他们可以演绎更深刻、更有张力的角色。此时,成龙有了一个梦想,那就是将中国文化融进电影当中,让世界看到真正的中国文化,让世界感受真正的中国文化精神。

秉承着这个理念,成龙开始自己创作电影。在他的电

影中,功夫是真功夫。拍摄《红番区》时,成龙已经41岁,但为了向世人展示中国功夫,成龙依然不使用特技,亲自完成了从一栋楼房跳向另一栋楼房的高难度动作。"我要让他们看到,中国功夫不是靠特技的,不是靠借位的,我们的武打演员都是有真本事的。"成龙骄傲地说。除了中国功夫外,成龙的电影一直展现着中国人百折不挠的民族精神。他的电影题材丰富多样,但无论是以动作为主的电影还是以情感为主线的电影,都有着共同的导向,那就是惩恶扬善、弘扬正义。成龙电影中的主人公,不是有着特异功能的"超人""蜘蛛侠",而是平凡的小人物。这些人物虽平凡,但面对困难他们从不退缩,面对强敌也从不畏惧,他们穷尽自己的智慧,在保全自己的同时,拯救弱者,惩治强敌,这些都是中国文化精神的展现。人们在成龙的电影中不仅看到了醉拳、咏春拳等中国功夫,还感受到了中国人身上的韧性,以及特有的成龙式幽默,不仅好莱坞的观众渐渐被他的电影吸引了,而且世界各地的观众也喜欢上了他的电影。

然而,成龙能成为功夫巨星,不仅仅是因为他的电影,更是因为他不怕吃苦,用生命成就艺术的精神,他就是一个电影界的"英雄"。成龙曾说:"在外国,一提起'成家班',人们都情不自禁地感叹'哇'。"成家班即成龙国际特技队,成员都是香港特技专业人员中出类拔萃的。为了让电影中的动作场面能达到震撼人心的效果,有时他们会冒着生命危险亲自上阵完成表演。在观众心中,他们是英雄。但是"英雄"的背后也有很多心酸,也有怕的时候。成龙曾说:"其实我只是一个普通人,很多时候我也很怕,但是我相信我可以。"在拍摄《警察故事》时,有一个场面需要成龙顺着立柱从七层楼滑到地面。他说:"我站在大厦的七楼往下看,心里很怕,想着会不会出事。开拍之前我一直在楼梯口徘徊,心里忐忑不安,脑子里幻想着有可能出现的各种场面,差点就退缩了。"可再看看站在楼下仰望着他的工作人员,他内心很是矛盾。他不想让其他演员失望,更希望让外国同行见识中国人不屈不挠的精神。刹那间,他纵身一跳,双手抓住立柱,做着电影里需要的动作,就这样滑了下去。这个场景,让现场所有的人都目瞪口呆了。成龙安全落地了,生命没有危险,但手心早已血肉模糊。就这样,成龙拍出来的动作电影在世界影坛赢得了观众、赢得了声誉,他让世界见

证了什么才是真正的中国英雄。

从《红番区》到《功夫之王》，成龙逐渐得到了世界的认可。如今，他的影迷已遍布世界各地，他在世界影坛的地位使他离自己的梦想又近了一步。"中国功夫不仅仅是'功夫'，它的背后承载着中国深厚的文化，比如我们学习功夫不是为了要攻击别人，而是要保护自己和他人，同时强身健体。我在外国讲《红楼梦》别人不知道，讲《梁山伯与祝英台》别人也不知道，我就是想将这些都告诉世界，这是我们的文化，我们有着许许多多精彩的故事，我想让世界去了解。"成龙多次谈到自己的梦想。

当迪士尼拍《花木兰》的时候，成龙免费为这部片子配音，并称："我很高兴外国能拍我们的东西。我希望我们的文化能让更多的外国观众知道。今后，我还要通过电影告诉他们什么才是真正的中国文化，比如中国的'吃'文化，可以通过吃饭的场景来表现，中国的礼仪文化可以通过人物的言谈举止来表现，要让世界看到，中国的文化是多么丰富。这些都是我的梦想。"梦想给予了成龙不懈的动力，让他在电影之路上不断探索、不断前进。

知识链接

武行 武行指在中国戏曲,特别是在京剧和昆曲中,专演武戏的配角。戏曲演员学戏时,大多从武行开始,一是因为武行的技艺是所有行当的基础;二是因为学习了武行后,可以演武戏谋生或延长艺术生命。武行演员的训练是异常艰苦的,一般要学习8到10年才能出师,而且必须终生练习不辍。

❋ ❋ ❋

草木不经霜雪,则生意不固;吾人不经忧患,则德慧不成。

——(清)沈近思

把华语电影推向世界的华人导演

　　他是享誉世界的著名华人导演,自20世纪90年代以来就蜚声国际影坛,其作品曾屡次斩获国际顶级电影奖项,如奥斯卡金像奖、威尼斯电影节金狮奖、柏林电影节金熊奖、英国电影学院奖等。

　　1954年10月23日,李安出生在中国台湾,祖籍江西德安。李安的父亲李升是台湾著名的教育家,教子极为严格,尤其注重培养子女在中国传统文化方面的素养。李安就是在这样一个有着浓厚的中国文化氛围的家庭中成长起来的。

　　读高中时,李安喜欢去台南市的全美戏院看电影,他的电影梦就是从那里开启的。1973年,他做出了一个令父亲气愤的决定——考了中国台湾的台湾国立艺术专科学校(今国立台湾艺术大学)的戏剧电影系。出于对电影的向往,毕业后的李安,又于1979年远赴美国继续深造,先在伊利诺伊大学香槟分校戏剧导演专业学习,后又就读于纽约大学电影制作研究所。

1984年,从纽约大学毕业后,李安决定留在美国开拓自己的电影事业。然而,一个华人要想在美国电影界混出名堂,谈何容易。于是,李安便开始了长达6年的等待。在此期间,没有什么工作机会的他不得不赋闲在家,靠仍在伊利诺大学攻读生物学博士的妻子林惠嘉的微薄薪水度日。在妻子的理解和支持下,李安没有放弃自己的电影梦,并一直从事电影剧本的创作工作。通过研究好莱坞电影的剧本结构和制作方式,李安试图将东方传统文化与好莱坞模式巧妙地结合起来,创作出一些全新的作品。

20世纪90年代,李安开始在电影导演领域崭露头角。1990年,在完成剧本《推手》的编写之后,他获得了一次独立执导影片的机会。1992年,李安导演的第一部作品《推手》问世。这部喜剧片刻画了生活在纽约的一个台湾家庭,以及其中的亲情隔阂,从而展现了东西方的文化差异。

俗话说"十年磨一剑",从开始学习电影到1992年自己导演的第一部影片被搬上大荧幕,李安在追求电影梦的

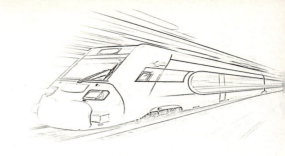

道路上已经奋斗了几十年。

继《推手》之后,李安在1993年推出了自己的第二部作品《喜宴》。这是一部以好莱坞模式制作的中国电影。它探讨了东西方两种文化和两代人之间的巨大差异。影片上映后,赢得了一致好评。从此,李安在国际电影界声名大振,一举跃入世界知名导演行列。1994年,李安执导了第三部电影《饮食男女》。该片票房大卖,广受好评,获得了金球奖和奥斯卡最佳外语影片提名。

由于一脉相承的表现手法和对父亲形象的深入刻画和精心塑造,《推手》《喜宴》和《饮食男女》这三部电影被称为李安导演的"父亲三部曲"。虽然讲述了发生在三个家庭的故事,但是这三部作品都以中国传统家庭为背景,展现了许多富有中国传统特色的元素,如《推手》中的太极拳、《喜宴》中的中国传统婚礼和孝道精神,以及《饮食男女》中对中国几千年来饮食文化的生动诠释。至此,李安电影中的"中国文化品格"初步形成,而且他也跨进了好莱坞主流电影制作的大门。

1995年,李安导演的第一部英语片《理智与情感》轰动了国际影坛,获得了诸多奖项,他也因此进入了好莱坞A级导演的行列。在接下来的几年中,李安又拍摄了两部美国题材的影片:《冰风暴》《与魔鬼共骑》。

1999年,李安的老搭档徐立功邀请他拍摄一部中国武侠电影。从小就对武侠电影痴迷的李安欣然应允,开始着手拍摄《卧虎藏龙》这部影片。对于该片,李安曾坦言:"我到海外如果不留下一点声音,将来大家会以为中国就是那个样子,所以我要拍《卧虎藏龙》。"在这部作品中,李安把中国传统文化融到一个曲折动人的故事之中,并将唯美的画面与飘逸的武打动作完美结合,整部电影极具东方色彩和中国韵味。这部武侠电影一经推出,就获得了可喜的票房成绩,不仅红遍了中国大江南北,更赢得了西方观众的一致好评。2001年,《卧虎藏龙》获得了奥斯卡奖的最佳外语影片。通过该部影片,李安充分地向西方观众展现了中国武侠的魅力,并将华语电影推向了世界。

作为一个从小在传统家庭中长大的人,李安不仅导演了一系列出色的华语影片,而且导演了不少令国际影坛一致叫好的外语影片。作为一位在中西方文化之间自由穿梭的导演,其华语影片充满了东方韵味,外语影片也体现了其对西方文化的精准驾驭。也许在他的眼中,电影并不存在文化与国别的差异,只要作品能够触动观众的心。

在2006年的第9届上海电影节中,李安谈道:"你不可能做得比好莱坞更像好莱坞,因为在如何与观众沟通的问题上,只有好莱坞才做得到,他们三段式的叙事方法很

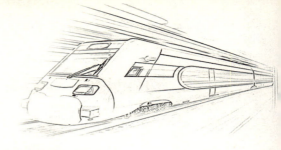

霸气,也培养了全球观众的观影习惯。我们要学习他们这种思维模式,而不是把民族自尊心挡在前面。研究透了之后,我们再去寻找自己的特色,用中国文化为他们树起一面镜子,对照并且让他们审视自己,这才是我在好莱坞的立足之道。"作为唯一打入好莱坞主流电影界的华人导演,李安不但没有被好莱坞的文化所吞噬,反而将中国文化成功地带入了好莱坞。他用电影展现了最传统的中国文化,用国际主流的电影模式对东方特色文化进行了极好的诠释。

2009年2月,美国《娱乐周刊》评选出25位仍在坚持拍电影的"最伟大导演"名单,李安是唯一上榜的华人导演。

2013年,第85届奥斯卡金像奖颁奖典礼在好莱坞杜比剧院举行,李安凭借《少年派的奇幻漂流》获得第85届奥斯卡最佳导演奖。

李安曾表示,中国文化是他的根、是他的立足之道。在他的电影中,李安一如既往地在其作品中弘扬中华民族的优秀传统文化,致力于让中国文化在世界更多的地区传播。

知识链接

奥斯卡奖　奥斯卡奖,亦称为"金像奖""学院奖"。1929年起由美国电影艺术与科学学院颁发,每年一次,奖品为一尊双手紧握长剑、站在一盘电影胶片上的男性人体青铜塑像。塑像由雕塑家乔治·斯坦利创作。据传1931年该奖因该院一位图书管理员无意中提及青铜塑像与其叔父奥斯卡相像而得名。奥斯卡奖是全球最有影响的电影奖。

❋　❋　❋

工作就是人生的价值,人生的欢乐,也是幸福之所在。

——[法]罗丹

火箭队的中国"小巨人"

无论走到哪里,身高 2.26 米的"小巨人"姚明总会轻而易举地吸引所有人的目光。但令他脱颖而出的除了身高外,还有他卓越的球技和令人尊敬的品格。姚明用高超的技术在强者如林的美国职业篮球联赛(英语缩写"NBA")中赢得了一席之地。姚明在美国职业篮球联赛期间表现出的不屈不挠、谦虚踏实的中国体育精神感染了很多的体育爱好者。据相关统计称,姚明的球迷有 15 亿多,很多外国球迷因为喜爱姚明而喜爱中国文化,并开始学习汉语。他不仅向世界展示了华人运动员的风采,也让世界上其他国家的人进一步认识中国和中国人。

30 多年前,上海某家报纸刊登了一则新闻:"姚志源

和方凤娣喜得贵子,这是上海篮球的希望。"可谁能料到,这则新闻中的预言竟真的成了现实。姚明出身于篮球世家,父亲姚志源和母亲方凤娣都是篮球运动员,但姚明的父母不希望姚明子承父业,他们认为运动员只能吃青春饭。儿时的姚明也一直梦想着上大学,将来找一份稳定的工作,过平凡的生活。但命运似乎早已将姚明与篮球绑在了一起。他继承了父母的基因,身材高大而挺拔,在众人眼里,这样优异的身体条件不打篮球真是浪费了!在篮球教练的劝说下,姚明最终上了体校,开始了篮球生涯。

家庭环境的熏陶、身体条件的优势再加上刻苦的训练,姚明很快便脱颖而出。他9岁开始训练,14岁入选上海青年队,17岁入选国家青年队,18岁便穿上了国家篮球队的队服。于是,一场严峻的考验悄然来临。

2002年,对姚明来说是重要的一年。这一年,姚明以状元秀的身份进入了美国职业篮球联赛。他成了中国以状元秀的身份进入美国职业篮球联赛的第一人,这是他从未想到过的。美国职业篮球联赛里的球员,可以说都是篮球界的佼佼者,美国职业篮球联赛的影响力在篮球界也是最大的。能进入美国职业篮球联赛,对姚明和整个中国国家篮球队来说都不是一件小事。一旦进入,姚明就不再只

是姚明,而是中国体育界的一张名片,他将面临巨大的挑战,不仅有技术上的、生活上的,更有心理上的。要不要去美国职业篮球联赛呢?他心里百般挣扎,家人和朋友也很是忧虑。同是篮球运动员出身的母亲忧心地说:"你不是很强壮。虽然你投篮准,球感好,会用脑子打球,但是在美国职业篮球联赛里,只有这些是远远不够的。你在速度、力量和跳跃能力上和其他球员相比,都处于劣势。你只是被选中,并不代表就能成功,如果失败了,你有没有想过后果会怎样?"母亲所说的都是事实,但是能进入美国职业篮球联赛是每一位篮球运动员的梦想。经过百般衡量、思考,以及与国家队的协商,姚明决定试一试。

　　姚明最终加入了休斯敦火箭队,而在接下来的训练和比赛中,之前的顾虑果然都变成了现实。首先是体能不够。姚明虽然很高,但不够强壮。在球场上,别人能将他轻易地推开。其次是身处陌生的环境所感到的压力。第一次做赛前准备训练时,教练就不断叮嘱:"各种练习都要适量,以保持体力。"但姚明因为过度紧张,在赛前热身时只能不停地跑步。"当时脑子里什么也想不起来,感觉只有跑起来心里才是踏实的。"姚明说道。由于赛前体力消耗太大,正式比赛才进行了5分钟,他就疲惫不堪了。在

美国职业篮球联赛的最初几场比赛中,他都表现平平,甚至出现了两次失误。这时,四面八方的质疑排山倒海而来,让姚明一度陷入了恐惧和焦虑之中。他徘徊过、迷茫过,多次怀疑自己是否真的可以做到,怀疑自己的决定是否正确。可是,既然来了,就要坚持;既然已经展开了梦想的翅膀,就要让梦想飞翔。姚明开始调整状态,他试着与球员们交朋友,放松心情。他和球员波斯简·纳齐巴成了好朋友,他的谦逊和诚恳也赢得了其他球员的友谊。此外,姚明开始有意识地增加自己的体能训练。他的队友曾说,"我意识到他是多么渴望能够提高自己。我们让他进入季前赛的第二天,他就跃跃欲试了。他加大强度训练自己,很多身高有优势的球员都很懒惰,但姚明没有,这是难能可贵的。姚明让我们看到了火箭队一直以来对后卫的期待,他没有让我们失望。"就是通过这样一点点的提高,姚明渐渐适应了美国职业篮球联赛的节奏。

2002年,对阵湖人队时,姚明9投9中得20分;同年11月份的连续6场比赛,姚明88.6%的命中率创下美国职业篮球联赛的纪录。2003年他被评为"西部联盟的最佳新秀"……"他一下子就征服了休斯敦。我开始接到不是球迷的电话,对方说:'因为这个年轻人,我会做火箭队

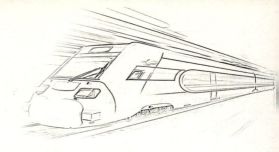

的球迷。'"他的队友回忆道。姚明以其出色的表现向世界证明了自己,展现了中国的体育精神。

姚明虽然慢慢融入了美国的生活,取得了成绩,但他依然保持着中国人朴素而有规律的生活方式。每次队友邀请他出去通宵消遣,他总是拒绝,久而久之,队友们也理解了他的选择。"姚明从来不去夜总会,也不和我们出去玩。但球队里没有人大惊小怪,也没有人强迫他一定要按照我们的方式来生活。因为这是他的文化。"他的队友史蒂夫·弗朗西斯说。除此之外,姚明还有另一件让史蒂夫·弗朗西斯惊讶的事,那就是他这辈子只爱过一个姑娘,那就是他的妻子。"长这么大,姚明只爱一个女孩,对我们来说,这简直是天方夜谭。每次说起她的时候,他的眼睛会放光,脸颊会泛红。看得出来他很爱她。"史蒂夫·弗朗西斯曾说,"我从姚明身上看到了中国人的两种品质,一是注重细节,二是慷慨大方。多年来,他一直保持着这两种品质,没有改变。"他始终保持着自己的文化特性,让世界看到了中国人的优良品质,让世界进一步了解中国人和中国文化。

姚明虽去了美国,成了世界瞩目的球星,但他始终牢记自己是中国国家篮球队的一员。"无论我走多远,只要祖国一声召唤,我将立即回国家队效力!"他真的做到了。虽然在美国职业篮球联赛打球很辛苦,但只要国家队的赛季一到,姚明便会飞回祖国,为国家队效力。姚明虽然在美国生活多年,但他的赤子之心从未改变。他说:"我从没想过要改国籍,当我的美国职业篮球联赛生涯结束后,我会回中国生活。"

姚明最终于2011年宣布退役。正如他所承诺的,退役后,姚明重新回到了祖国的怀抱,收购了上海男篮,立志要为中国的篮球事业贡献自己的力量。他希望能将在美国职业篮球联赛中学到的东西运用到中国篮球队建设中,让更多的中国球员得到更科学的训练和管理。

他曾说:"一直以来我都有很多梦想,我梦想能在北京奥运会上为中国队举旗。我梦想能赢得一次美国职业篮球联赛总决赛的冠军,因为作为一个职业球员,也许我赢得了一个总冠军或最有价值运动员的头衔,他们会更愿意签下或者选择中国球员。现在,我最大的梦想是让美国人,甚至是世界能够真正领略到中国的体育精神,真正认识中国和中国人。因为我们已经和很久之前不一样了。"

梦想给予姚明无限的力量,让他在人生道路上不断前行。

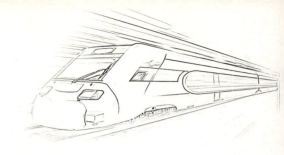

美国职业篮球联赛 美国职业篮球联赛,英语缩写"NBA",是美国规模最大的、最引人注目的男子职业篮球联赛,同时也是世界上公认的水平最高的篮球赛事,赛事转播覆盖全球。参加美国职业篮球联赛是全球篮球运动员最向往的事情。参赛的共有30支球队,分属东部联盟和西部联盟,著名球队有休斯敦火箭队、芝加哥公牛队、洛杉矶湖人队等。

❋ ❋ ❋

脚跟立定以后,你必须拿你的力量和技能,自己奋斗。

——[爱尔兰]萧伯纳

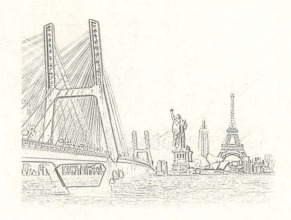

从乡村走向世界的俞敏洪

"我还要再考一次。"参加过两次高考,俞敏洪都失败了,可是他还是不甘心,战战兢兢地跪在了母亲面前,眼睛盯着地面,倔强地说出了这句在心里憋了很长时间的话。

"家里已经负担不起了。你要是再考,妈又得借钱了,咱也得吃饭啊。"面对欠下的债务,母亲无奈地说。

村里管事的叔叔大爷们都来到了俞敏洪家的院子里,坐成两排。俞敏洪跪在中间,听着他们的意见,等待着管事的长辈和母亲决定他的命运。一只飞蛾在俞敏洪母亲的周围飞过来、飞过去,似乎也在等待着她最后的判决。终于,她做出了决定:

"你要是再考不上,就安心地回来做农活吧。"

俞敏洪说,在电影《中国合伙人》中,成东青跪求母亲

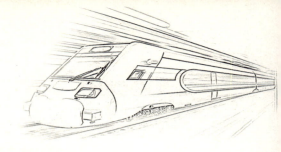

给他再次高考机会的那一幕,是彻彻底底地重现了他当年的经历。

俞敏洪很小的时候就会做各种农活,如插秧、割稻、割麦子、养猪、养鸡、养羊等,农忙时帮父母洗衣做饭,小小年纪,他就会开手扶拖拉机。或许正是儿时的生活环境,培养了俞敏洪吃苦耐劳、脚踏实地的精神,锻造了他坚忍不拔、敦厚朴实的人格。就是凭借着这股不怕失败的精神,俞敏洪顶住了两次高考失败的心理阴影,这次他成功了……

但他做梦也没想到自己竟然考上了北京大学。乡亲们将全村唯一的大学生送到了火车站,送他走出这个小小的乡村。

来到北京大学的俞敏洪,面对一个个风度翩翩、多才多艺的同学,感到很自卑。更为糟糕的是,毕业之后,大部分同学都出国深造了,而俞敏洪连到美国大使馆面签的机会都得不到。即使这样,俞敏洪也没有放弃,他想无论如何都要圆自己的出国梦。原来得不到签证的原因在于他没有足够的资金证明。想到这,俞敏洪便有了明确的目标:努力赚钱。

昔日的出国梦在他的人生中起了至关重要的作用。因为有了出国梦,所以俞敏洪想方设法创办"新东方",让其不断发展壮大,使其走出中国,走向世界,让世界从另一个角度来认识中国。

寒风凛冽,北京的冬天一如既往的寒冷。深夜,俞敏洪拿着糨糊桶在街边贴广告的身影是那么孤独、那么渺小。一条街挨着一条街,每一面墙、每一个电线杆,他都不放过。刷到一半,他发现广告纸怎么也贴不上,低头看看,桶里的糨糊早已冻成冰碴了。他心想:"算了,今天就到这吧,回家睡觉去。"可转身的一瞬间,一个人"啪"的一声将自己的广告盖在了俞敏洪刚贴的广告上面。

面对他人的横行霸道,俞敏洪没有别的办法,只能再贴一遍,并且守在那里,他从棉衣里面掏出一瓶二锅头,仰起脖子喝了一口,感觉暖和点了。等了一会儿,他觉得没人跟他抢地方了,才转身离开。

虽然广告都贴出去了,但前来报名的学生寥寥无几。俞敏洪心想自己的授课能力一点不差,学生也喜欢他的课,怎么学生数就是上不去呢?为了扩大宣传,他想出了一个办法,那就是免费开讲座。第一次免费开讲座是在1991年,俞敏洪本来觉得能有四五十人来听讲座就不错了,可谁知到了晚上6点的时候,小小的教室外面都挤满了学生,有五六百人,这超出了俞敏洪的预期,他从未想到学生们对他如此信任。于是,他临时将教室迁到了操场,

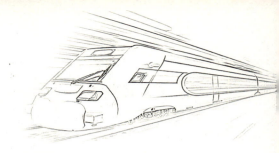

在黑暗中给学生们上了第一堂课。虽然天色已晚,但学生们的热情分毫未减,俞敏洪的热情越来越高。他看不见学生们那一双双渴望知识的眼睛,唯一能感觉到的是自己眼眶中打转的泪水。他不知道,那盈盈泪光是否会被学生们发现,只知道,一路走来,学生们是他最坚强的精神支柱。

"免费开讲座"的方法很奏效,来听过讲座的学生都被俞敏洪活泼幽默的授课方式吸引了。更重要的是,俞敏洪总结了几年来亲自参加各种英语考试的经验,将考试的技巧传授给学生,学生觉得很有用。一传十、十传百,"俞敏洪"这个名字慢慢地与"英语""高分"等字眼联系在了一起,而他的培训班也慢慢引起了社会的关注,很多准备出国的学生都想去那里看看,就算只是听上几天的课,心里也踏实。

一年又一年,春去秋来。学校不断地发展壮大,同时俞敏洪也积累了一定的资金。1995年,"新东方"已在国内站稳了脚,成为一所国内具有影响力的民办外语培训学校。也是在这一年,俞敏洪走出了国门,去了美国,圆了自己的出国梦。在美国,他去了纽约、去了波士顿、去了费城、去了华盛顿。他兴致勃勃地去了老同学王强的家里,聊起了各自的理想、各自的现状,聊到曾经的校园生活,回忆起曾经一起生活的点点滴滴,二人感慨万千。王强带俞

敏洪到普林斯顿大学散步,这所学校也是王强工作的地方。

看到美丽的校园、优雅的环境,俞敏洪不禁感叹道:"真漂亮!这可是我曾经为之奋斗的梦想。"

就在二人聊到兴头上时,一帮中国学生走了过来,在他们背后指指点点。突然一个看起来性格稍活泼的学生大声喊道:"您是俞敏洪老师吧?"

俞敏洪有点吃惊,连连点头:"嗯嗯,我是我是。"腼腆的他有点不好意思:"恭喜你留学成功啊,在这学习的感觉应该还不错吧。"其实比俞敏洪感到更加吃惊的是站在他旁边的王强,王强吃惊的是曾经那个不起眼的小伙,现在真的成为一个"明星"老师了。仅仅在一所美国学校里溜达溜达,就有学生认识他,那么来美国留学的学生中得有多少人认识他呀。王强开始在心里暗暗地佩服他了,于是他放弃了美国的生活,跟随俞敏洪回到了中国,一起经营"新东方"。

2006年,"新东方"在美国成功上市,成为中国第一家在美国上市的教育机构。如今在中国出国留学的学生中,有很多都接受过"新东方"的培训,而俞敏洪也被誉为"中国留学教父""出国梦的制造者"。当他描述自己的成功经历时,他说:"我只是一个有梦想并善于坚持的人,我的梦

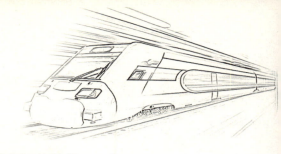

想不是很大,而我现在已经远远超越了当初的梦想……"或许,"新东方"的校训可以表达俞敏洪的心声:"追求卓越,挑战极限,从绝望中寻找希望,人生终将辉煌!"

新东方 新东方全称为"新东方教育科技集团",由成立于1993年的北京新东方学校发展而来,2006年在美国纽约证券交易所上市,是中国第一家在美国上市的教育机构,创始人为俞敏洪。目前,"新东方"的主要课程仍为托福、雅思等出国英语等级考试培训,它以外语培训为核心,兼顾中学教育、出国咨询、职业教育等领域。

❋ ❋ ❋

锲而舍之,朽木不折;锲而不舍,金石可镂。

——(战国)荀子

好莱坞的中文老师

身在他乡,为外国人讲授中文的中国人数不胜数,但能够来到好莱坞,为众多国际巨星讲授中文的中国人却寥寥无几。一个教师想要教好一种语言或许不是很难,但同时教好母语和外语就没那么简单了。世界上,怀揣传播祖国文化梦想的人很多,但能够执着地为之奋斗,并因而赢得声誉的并不多见。程秧秧将这些都做到了。

程秧秧,湖南长沙人,出生于1981年,是典型的"辣妹子",正是她身上的这股"辣劲"和"闯劲"让她不断前进。她曾以优异的成绩考入北京大学,随后拿着全额奖学金转入了香港中文大学工商管理系。毕业后,她凭借自己的努力通过了美国注册会计师考试,并在中国香港、美国的会

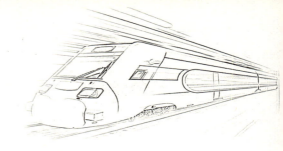

计师事务所先后从事审计工作。但这份羡煞旁人的高薪工作并没有给程秧秧带来多大的乐趣,她想要更有意义的生活,最终她辞职了,决定去美国创业。

创业要从基层做起,于是程秧秧开网店,卖T恤。开网店期间,她还参与组织了各种书展,甚至为《纽约时报》的畅销书作家举办过一些公众活动。程秧秧发现,美国人对中国文化很感兴趣,但他们并没有真正理解中国文化,很多人对中国的想象都是不正确的。抱着传播真正的中国文化的想法,她开始有意识地参加与媒体和文化教育相关的工作,从那时起,她就立下了志向——做一名中美文化交流的使者。

程秧秧发现,做一名真正优秀的汉语教师需要有深厚的文化底蕴和良好的个人修养。她想,自己上学的时候也教过外国人汉语,而且自己也喜欢教师这个职业,对语言又充满极大的热情,为什么不摸索出一个有自己风格的教学模式来教外国人学汉语呢?2006年,程秧秧在自己的网站上上传了一个《和秧秧一起学汉语》的教学视频,视频虽然只有9分钟,但点击率很高。程秧秧除了不断摸索教学方法,还调查了美国人对中国文化的兴趣点,并从这些

地方着手,准备教学内容。一时间,程秧秧的《和秧秧一起学汉语》的视频火了起来。

教汉语的尝试成功了,那为何不教英语呢?多年的美国生活经历,让程秧秧对美国文化有了较为深入的了解,因此,她从文化入手,又开创了一个"程秧秧学英语"的网站,根据美国电影、美国地理、美国人情风俗来讲解英语,讲授一些词组、俚语的特殊用法等。这样,那些想学美式英语的中国学生,不仅学到了知识,还了解了美国文化。程秧秧的目的达到了。

不久之后,美国加州佩珀代因大学需要一位真正熟谙两国语言和文化的汉语教师。于是,他们找到了程秧秧,邀请她主讲工商管理硕士(MBA)课程中的中国语言和文化课。程秧秧接到聘书时十分激动,这无疑给了她一个更好的平台去实现自己的理想。她将游戏、表演,甚至说唱都运用到了课堂上。她让学生们觉得学汉语原来还可以这么有意思,学生们很喜欢她,她也越来越出名了。2007年,程秧秧又接到了另一个职位邀请。美国一家影视制作公司想找一位精通双语的资深记者,介绍好莱坞明星们的工作和生活,宣传好莱坞的文化。程秧秧接了

这份工作后,准备从另一个角度去介绍,同时将中国文化传播到更广的领域。

可是,万事开头难。从未涉足过娱乐圈的程秧秧起先有些不适应这里的工作环境和工作方式。通常情况下,当一些明星出现时,各路记者都在第一时间蜂拥而至,大声喊叫以引起明星们的注意,从而赢得采访机会。而她常常被其他记者挤出人群,只能做"场外"解说。虽然她挤不过别人,但比别人善于观察。后来她便练就了一双火眼金睛,总能发现躲在暗处的大明星。这样,她就有可能抢先一步发现新闻。

有一次,程秧秧参加一部电影的首映礼。正当她想着如何挤进人群时,意外地发现安吉丽娜·朱莉与布拉德·皮特正朝红毯走来。于是,她毫不犹豫地冲上去,进行了简短而又生动的即席访谈。可后来发现,她竟兴奋地一直将话筒拿倒了。程秧秧说:"那次事件之后,我下决心一定要严格要求自己。事件虽小,形象是大。在国外,你的一举一动都代表着中国的形象,因为你身上的每一寸皮肤都印证着一个事实,即我是中国人。所以我希望能将自己最美好的一面呈现在美国人面前。"后来，当她成为《Hello！好莱坞》正式的节目主持人后，依然要求自己对片场的每一个人都充满热情、充满耐心，整天面带笑容。与此同时，她依然不忘自己来美国创业的初衷。借着工作的方便，凭着自己良好的口碑和过硬的教学实践能力，她开始做私人汉语教师，为一些影视公司做中国文化顾问，将中国语言和文化带进美国主流文化。她也将自己在美国的见闻，特别是好莱坞中的文化和多年积累的英文学习方法介绍到中国，让中国人了解更多的有关美国的故事。

2012年，程秧秧与其合伙人成立了网上汉语视频教学公司"优优中文"股份有限公司（Youyou Chinese Inc.），她担任所有课程的主讲人，利用网络这一平台来教外国人学中文。

程秧秧现在的生活很平静、很踏实，平日里弹钢琴、读书、写作、练瑜伽，但教中国人学英语和教外国人学汉语依然是她的最爱。作为一名身在美国的中国人，她为中美交流做出了自己的贡献。

知识链接

好莱坞 好莱坞,港译"荷里活",位于美国加利福尼亚州洛杉矶市的西北郊区,是全球著名的影视娱乐中心和旅游胜地。好莱坞依山傍水,景色宜人,大约在20世纪,这里成了很多摄影师青睐的地方,而后逐渐成为美国电影业的中心。第一次世界大战前后,格里菲斯和卓别林等一些电影大师和华尔街的大财团插手电影业,好莱坞电影城由此兴起。"好莱坞"已成为"美国电影业"的代名词。

❈ ❈ ❈

千里之行,始于足下。

——(春秋)老子

异国再续支教梦

　　1982年,徐本禹出生在山东聊城的一个贫寒家庭。父亲每月只有十几元的工资,可这是家里唯一的经济来源。1999年,自强不息的徐本禹考上了华中农业大学,在老师和同学们的帮助下,徐本禹战胜了学习和生活上的诸多困难,并暗自下决心,以后一定要用自己的知识来回馈社会。2003年,考取本校农业经济管理专业公费硕士研究生的徐本禹没有立即就读,而是去了贵州省的岩洞小学与大石小学支教了两年。两年里,他从繁华的城市走进大山深处,用稚嫩的肩膀扛起了本来不属于他的责任。从此,徐本禹爱上了教师这个职业,并决定用支教的方式把温暖继续带给更多的人。

　　没想到,徐本禹的支教愿望很快又有了新的发展契

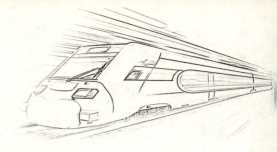

机。在2006年的中非合作论坛北京峰会上,中国承诺向非洲派遣300名青年志愿者。正在攻读硕士研究生的徐本禹抓住了这次机会,成为中国首批派往津巴布韦的志愿者。2007年1月,徐本禹开始了为期一年的工作——在一个国家高级管理培训中心教授汉语。

一到非洲,徐本禹就把满腔的热情投入工作中。他的任务是在培训中心对一些有兴趣学习汉语的人,进行为期三周的短期培训。这些学员来自各行各业,有刚刚大学毕业、尚未找到工作的学生,有和中国人一起做工程的项目经理,也有近期准备去中国旅游或做生意的人。其中,年龄最大的一位是65岁。虽然背景各异,但学员们有一个共同点,那就是他们都对汉语怀有强烈的好奇心和求知欲。没课的时候,徐本禹经常会接到他们的电话,不为别的,就是为了用汉语跟他聊聊天,练习一下刚学到的口语。

出乎徐本禹意料的是,津巴布韦人不仅对汉语学习充满热情,而且有较强的语言天赋。徐本禹称:"在食堂吃饭的时候,我会教食堂的工作人员说汉语。服务台的一位工作人员,把我教他的每一句话都记在一个本子上,并用绍纳语(当地语言)注上音。就连超市的工作人员见到我,都要跟我学两句中国话……"当地人的认真让怀揣着支教梦的徐本禹大受鼓舞——他要尽自己所能帮他们学习汉语。

于是,徐本禹认真思考后,决定从汉语拼音和口语开始教起,以便学员在短短三周内有所收获。他把日常生活中经常会用到的汉语设计成对话,在课堂上用相关情景进行再现,如自我介绍、打电话、买东西、换钱、旅游等,有时还会让学生们自己表演;在内容设置上,他尽量让学过的字词重复出现,从而加深他们的记忆。课程进行了两周后,不少学生已经会说"徐老师,我有问题";"你有中文词典吗";"我爱你,中国"等简单语句。此外,他们还可以借助拼音朗读课文内容,虽然发音不够标准,但看到他们进步得如此之快,徐本禹感到非常欣慰。

徐本禹在向学员们传递温暖的同时,也收获了不少感动,他的付出得到了当地人的极大认可。课程结束时,学员们对徐本禹给予了很高的评价,其中,戴夫·鲍特拉在评估表上这样写道:"出色的老师,希望管理培训局能够留下你教汉语。你是善良的朋友,真正的朋友。"此外,这里还有好心的邻居、热情的同事、善良的门卫……不过,最让徐本禹感动的还是管理培训局的60多岁主管阿姨,由于她的孩子和徐本禹差不多大,因而徐本禹亲切地称她为"妈妈"。

由于津巴布韦食品供应匮乏、通货膨胀严重,因而食用油在超市里相当难买,断货一个多月是常有的事。一次,

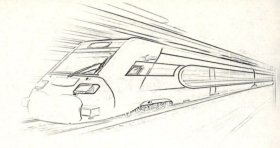

徐本禹和队友郝东智过了三天没油的生活,每顿饭都啃干面包。当主管阿姨得知这件事后,毫不犹豫地从自己家里拿出两升油送给他们。靠着这两升油,徐本禹和队友支撑了两个多月。津巴布韦的贫富悬殊很大,虽然世界名车满街跑,但是公共交通不发达,只有破旧的迷你巴士,而且线路极不规范,这给徐本禹的出行带来了很大的不便。有一次,他下课以后没赶上巴士,还迷了路,这位主管阿姨就开着车四处找他。主管阿姨的这份情,令徐本禹难以忘怀。

2007年底,徐本禹结束了一年的支教工作,离开了依依不舍的学员们,回到了中国。他说,现在越来越多的非洲人将目光投向了中国,他的学员中就有很多人想学好中文,将来到中国做生意。谈起在非洲担任国际志愿者的经历,他说:"虽然志愿服务的精神在全世界都是一样的,但是,在海外做志愿者不仅仅是代表自己,更代表着中国青年志愿者的整体形象。汉语志愿者是传播中国文化的民间使者,不仅仅是让当地人认识多少汉字的问题,更重要的是通过汉语教学,促进当地人对中国的了解,增进两国友谊。"

中非合作论坛 20世纪90年代,随着东欧剧变和苏联解体,国际局势发生了巨大变化,和平与发展成为时代的两大主题。中国一贯重视同非洲国家的团结与合作,这不仅有利于维护发展中国家的合法权益,而且有利于世界的和平、稳定与发展。根据部分非洲国家的建议,2000年10月,中国政府提出召开"中非合作论坛——北京2000年部长级会议"的倡议,这得到了非洲国家的积极响应和广泛支持。中非合作论坛部长级会议每3年举行一次。

※ ※ ※

对人来说,最大的欢乐、最大的幸福是把自己的精神力量奉献给他人。

——[苏联]苏霍姆林斯基

辞去美国特警职务的"海归"警官

作为一名教师,他兢兢业业,将自己所学毫无保留地教授给学生;作为一名警察,他机敏迅捷、不畏强暴,为了执行任务,多次险些丧命,被称为"美国警务界的'李小龙'";作为一名自费留美学生,他坚强地生活、刻苦地学习,从未言弃。这些都是为了一个"警察梦"……

2005年,一本名为《我在美国当警察》的自传成为当年中国10部畅销书之一。而该书的作者——石子坚的传奇人生也引起了人们的注意。石子坚本来是天津市公检法系统的一位侦查人员,1988年,他为了提升自身的职业素养,决定自费到美国留学,攻读硕士学位。当时,每个人只能在银行兑换到200美元的外币,这200美元是石子坚

的全部家产,他将这些钱缝在了上衣的口袋里,独自一人踏上了赴美留学的道路。

到了美国,石子坚被乔治·华盛顿大学录取,原本想进修法律的他却被刑侦专业录取,那是一个专门为美国培养警察和特工的专业。石子坚不曾想到,这一选择改写了他的一生。乔治·华盛顿大学是一所私立学校,自费留学的石子坚要承担相当大的经济压力。他拼命打工挣钱,餐馆、图书馆、街道、加油站都留下了他打工的身影。挣来的钱,除了交学费,他从不敢乱花。那时,他每天的生活就是打工、吃饭、读书、睡觉。从学校到住所,他要步行 40 分钟,即便是这样,他也不愿意花钱坐地铁,而宿舍里用的家具和一些生活用品都是别人用过的。就这样,石子坚完成了两年多的学业,于 1990 年顺利毕业,并拿到了刑侦专业的硕士学位,成为乔治·华盛顿大学刑侦专业的第一位中国留学生。本想学成归国继续自己原来事业的石子坚,渐渐萌生了另一个念头——回国,当一名真正的警察。

然而,美国刑侦专业的所有课程几乎都是针对美国执法系统设置的,而且中美两国的法律、制度不同,这样回国,很难学以致用,更不用说实现梦想了,所以石子坚暂时放下了学成归国的想法,继续留在了美国,检验自己所学。

　　石子坚希望能够进入美国执法部门工作。但在美国,没有美国国籍的毕业生是无法被任何一个执法部门录取的。陪读多年的妻子也劝石子坚,回国找个稳定的工作,过安逸的小日子。面对艰难的就业环境和妻子急切的眼神,石子坚内心很是挣扎,但他认为自己专业成绩优异,在国内又积累了丰富的相关工作经验,不想就这样放弃自己的梦想,将自己两年来的辛苦努力付之东流。正当他一筹莫展之际,一个招聘消息让他兴奋不已,那就是华盛顿中心监狱招聘新警,没要求应聘者一定是美国公民,只要拥有绿卡便有入职资格。石子坚参加了招聘考试并被录用。虽然狱警不是真正的警察,但是总归离自己的警察梦就又近了一步。

　　当狱警的日子充满惊险,犯人之间以及犯人和狱警间的小摩擦几乎是家常便饭。为了能够应对这些犯人,石子坚苦练武功,仅用一年半的时间便拿到了别人3年才能拿到的跆拳道黑带资格。事实证明,对一名狱警来说,强健的体魄和高强的武功是十分必要的。在石子坚当狱警期间,他经历了一场震惊全美的监狱暴乱,差点亡命狱中。这场暴乱发生时,监狱里除了30名犯人外,就只有石子坚

在内的3名狱警。其中2名狱警在十几秒之内便被打得不省人事,只剩下石子坚一人孤身奋战,并一直坚持到后援部队的到来。

当了5年狱警后,石子坚加入了美国国籍,终于拥有了报考美国警察局的资格。经历了3次考试后,他最终被警察局录取,成为一名真正的美国警察。从1988年赴美留学到1998年当上警察,石子坚整整等了10年。石子坚当上警察之后,凭借自己过硬的专业技能和多年积累下来的经验,在多次行动中担任重要角色,如曾协助侦破了"华盛顿连环狙击手枪击案",抓获了犯罪嫌疑人;多次担任美国总统、副总统等政要出行的贴身警卫。

2000年,当时的美国总统克林顿到马里兰州访问时,石子坚是负责他人身安全的警卫。当克林顿结束演讲,准备离开走向专车时,却突然改变了原定的路线,回头向群众走去。群众的热情感染了克林顿,他在车外多待了两分钟。

这两分钟如此短暂又如此漫长,其中的每一秒钟对石子坚来说都是巨大的挑战。他的目光一直在人群中扫视,观察着人群中每个人的表情、动作,判断他们之中是否有

神情异常者,以便在最短的时间内采取行动,保护总统的安全。当石子坚的目光划过一名正在打电话的男子时,他身上所有的神经都紧张了起来,因为在这种激动人心的时刻,一般人是不会想到要打电话的。石子坚立刻通过对讲机发出了信号,告诉在场的所有警察要提高警惕,高度关注那个打电话者。因为任何意想不到的恶性事件都有可能发生,他们必须在最短的时间内做出反应,以减少损失。突然,这名男子将手机高高举起,准备采取下一步行动,所有民众都沉浸在总统的演讲中,而石子坚却紧握手枪,做好了随时行动的准备。而就在这紧张的时刻,意想不到的一幕发生了,这名男子将手机高高举起,大声说:"亲爱的,你听到了吗?这是总统的声音,我见到总统了,我就在总统的身边。"原来,这名举止异常的男子正在与自己的另一半分享此刻激动的心情,直到他打完电话将手机放回口袋里,石子坚一行人才解除警惕。克林顿总统上车前冲着石子坚微笑,并做了一个标准的美国式敬礼动作,表示对他工作的肯定。

　　石子坚工作认真负责、不怕吃苦、反应敏捷,在一次次行动中展现了一名华人警察的风采,赢得了美国警界的认

可和尊重。石子坚对付犯人的实战能力让犯人们闻风丧胆,犯人们称他为"李小龙"。从此,他的美国同行送给了他"警界李小龙"的称号。

石子坚在美国实现了自己的警察梦,但在美国当警察不是他最终的目的。多年旅居海外的日子让他感到孤独、感到寂寞,日复一日地为美国服务并不是他的人生目标。他想在自己还年轻力壮的时候为祖国做些什么。2004年,石子坚终于回到了祖国的怀抱。回国以后,石子坚在一家警校任教,成为中国首位外籍警务教官,毫不保留地将自己所学教给了学生、献给了学校。石子坚常常自比为"移动硬盘",不仅将美国的警务理念带到中国,而且走到哪里,就将自己的技艺"拷贝"到哪里。他将自身的从警经历与所学的警务理论结合起来,撰写了《警察现场急救》《美国警察管理体制与执法规范》等书。当了教师后,他与自己的同事开设了常用警械实战应用、人群管理和控制战术等精品课程。在上海任教期间,他成了唯一带枪上课的老师,被称为"带枪的学者"。

从学生到警察再到学者,石子坚实现了自己的梦想,又将它回报给祖国。

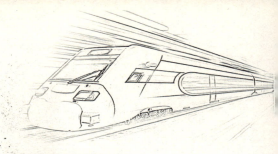

乔治·华盛顿大学 乔治·华盛顿大学成立于1821年，是美国一所顶尖的私立大学，位于美国首都华盛顿。建立一所全国性的高等学府是美国第一任总统乔治·华盛顿的愿望，乔治·华盛顿大学正是在这个基础上建立起来的。作为唯一用总统的名字来命名的大型高等学府，乔治·华盛顿大学是一所与美国联邦政府关系最为密切的老牌名校，在国际上极负盛名。

❋ ❋ ❋

精诚所至，金石为开。

——（汉）王充

美国劳工部部长的中国心

"我深信,赵小兰女士将会把她那些受人尊敬的品质带到她的新职位中。她不仅具有极高的做行政管理工作的天赋,还有一颗悲天悯人的心,她热情洋溢且充满活力,定将不遗余力地协助他人追求更美好的生活。"美国前总统乔治·布什站在话筒前,毫不掩饰地表达出对赵小兰的欣赏,他把赵小兰提名为美国第24任劳工部部长。由此,赵小兰凭借自己的才华和实力成了美国内阁第一位亚裔妇女。华裔在美国一直受到怀疑,赵小兰也受到了不少非议。在出任美国劳工部部长的听证会上,一位国会议员略带试探地问:"你当了劳工部部长,将来会不会成为促进美中两国交流的桥梁?"赵小兰不卑不亢地答道:"布什家庭

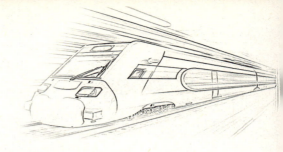

一直以来都与中国领导人有着极佳的关系,并且我本身就是华人,当然非常希望能成为中美两国交往的桥梁,希望能为两国的友谊和发展做出贡献。"

1961年,一个8岁的中国女孩与她的妹妹们跟着母亲登上了驶向美国的渡船。面对一望无际的大海,这个活泼可爱的小姑娘兴奋极了。碧蓝的天空,飞翔的海鸟,仿佛都在向她诉说着什么。对于将要去哪里、将要做什么,她没有概念,但是充满趣味的海上旅途,让她觉得目的地应该是一个不错的地方。

这个女孩叫赵小兰,祖籍上海,出生在台北。当她随父母移民到美国后,生活带给她的一切并不像想象中的那么美好。20世纪60年代的美国,对她来说是陌生的——陌生的土地、陌生的人群、陌生的语言。在最初的岁月里,他们一家四口挤在纽约的一间一居室公寓里,母亲不懂英语,无法外出求职,虽然十分着急,但也无能为力,生存的重担都压在了父亲一人身上。而赵小兰也生活在自卑当中,她不认识英文单词,在学校,老师讲的内容她一句也听不懂,小朋友不愿和她玩,她只能蜷缩在自己的小世界里,怯生生地观察着周围的一切。

小兰的父亲赵锡成毕业于上海交通大学,学识修养不同于凡人。母亲朱木兰出身书香门第。父母的言传身教，让赵小兰从小就具有了不屈服于命运的顽强性格。为了学好英文，她将老师写在黑板上的知识点都抄在笔记本上，每堂课后，她都要仔仔细细地研究笔记。父亲白天为生计奔波，回到家时，几乎已经是凌晨时分了，虽然疲惫不堪，但依然会将熟睡的小兰叫起来，帮她补习英文和功课。因此，小兰的英语水平不仅突飞猛进，而且对课程的要义也掌握在心。

　　坚定的信念和不服输的精神让她勇往直前。经过不懈的努力，小兰终于在1975年以全A的优异成绩从美国曼荷莲女子学院毕业，拿到了经济学学士学位。4年后，她又取得了哈佛商学院的企业管理硕士学位。毕业后，她顺利进入了花旗银行纽约分行，主管航海公司的信贷业务。刚刚走出校园的赵小兰并没有想太多，对生活也没有太多的奢求，只想找一份稳定的工作养活自己、支撑家庭。然而，华裔移民家庭一直遭受着当地居民的种种歧视，并不时地受到一些不公平待遇。而华裔移民想要成就一番事业更是难上加难，这些都让赵小兰心有不甘，她不想被别人看扁，不想继续忍受不公平的待遇。更何况，父母的传统教育模式，让小兰从小就有一个信念，那就是"自己所

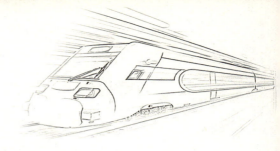

做的一切都不能让家族蒙羞,自己要成为父母和家人的骄傲"。赵小兰不再满足于自己的现状了,她想做些什么来改善华裔移民的生存状况,虽然她知道这有些异想天开,但仿佛有股力量推着她不断前行。

为此,赵小兰勤勉上进,不仅在工作上稳扎稳打,工作之余她还不断学习,为自己充电。为了能够赢得别人的关注、赢得更多生存的机会,她努力克服东方文化中腼腆、害羞的性格特质,让自己自信、勇敢起来。赵小兰曾说:"在美国,比如参加一个聚会,你想融入大家,你就要直接告诉他们,直接走上前去跟他们聊天,否则没有人会主动关心你在想什么。在平时的交往中,你有什么感受,你想什么、要什么就要直接说,不然你永远都得不到自己想要的东西。"

良好的家庭教育加上多年的不懈努力终于有了回报。1983年至1984年,赵小兰从众多竞争者中脱颖而出,当选为"白宫学者",这是她生命的重要转折点。从这时起,她开始接手白宫的一些工作,开始接触政治。由于其出色的工作业绩,1984年至1986年,赵小兰转任旧金山美国银行的副总裁;1991年至1992年,出任美国和平团团长……她凭借着自己的才华和能力逐步赢得了美国人的

认可,开辟了一条通向梦想的道路。

　　2001年,她成了美国劳工部部长。她的任命一度受到很多人的质疑,但赵小兰用自己的行动证明了自己。她每天工作十五六个小时,但依然精神抖擞,干劲十足。赵小兰每天早上8点准时到达办公室,多年以来,从未迟到过,她的办公室秘书曾说:"每天只要一看到部长,不管多累都能立刻打起精神,我也不知道为什么,就像是被她的精神感染了一样。"赵小兰为了接受这个任命,放弃了年薪上百万元的工作,忍受了美国其他政府官员的不信任和各界质疑。很多人问她为什么会做这样的选择,她在一次演讲中解释:"我来自移民家庭,我是华裔,我经受过移民家庭的痛苦,尝过被歧视的滋味。选择劳工部部长这一职位,我得不到更多的财富,反而承受着更大的工作压力。但是,它有一个其他的职位没有的优势,那就是在这个位置上,我能发挥我最大的能力,消除劳动中的不公平待遇,我可以从最根本的地方消除种族歧视,我能为移民家庭,特别是华裔移民家庭做一些事情,能帮助他们实现他们的梦想。"赵小兰的努力没有白费,她得到了美国国会的认可,那些曾经质疑她的议员们也不得不承认赵小兰的能力,一致说道:"她必将成为一名出色的劳工部部长。"

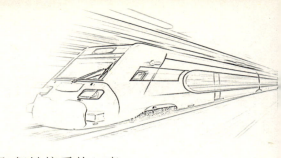

赵小兰虽生活在美国、成长在美国,但她接受的一直都是中国传统家庭教育。吃饭的时候,父亲不拿筷子,自己和妹妹们也绝对不会先动筷子;家里来了客人,姐妹几个必须为客人端茶倒水。赵小兰的父亲告诉她,无论如何都不能忘记自己是中国的孩子,不能忘记自己的根在中国。1979年,她跟随父亲回到家乡,参观了父亲小时候生活过的地方。2008年,她观看了北京奥运会,说:"看到中国发展得这么快,看到奥运会上展现出来的渊博的中国文化,我骄傲极了,因为自己身上流着中国人的血,骨子里浸润着中国文化。当我遇到困难的时候,我就告诉自己,我是中国人,我们有5 000年的历史,无论面临怎样的境遇,我一定能生存下来。与此同时,我也是美国人,我希望我自己能够将这两种文化融合在一起,发挥各自的优势,做到最好。"

赵小兰现在已经完成了自己的使命。卸任时她曾说,期待着自己能够以另一种方式继续为中美关系贡献一份力,希望越来越多的亚裔走入美国主流社会,展示自己的智慧和能力。

美国劳工部　美国劳工部,成立于1913年3月4日,属于美国联邦政府部门机构,主要负责美国全国职工的就业、劳动条件、工资涨幅、福利待遇、培训机构等方面的工作。赵小兰任职于2001年,是美国第24任劳工部部长。

✳ ✳ ✳

人类的幸福和欢乐在于奋斗,而最有价值的是为理想而奋斗。

——[俄]列夫·托尔斯泰

华侨故乡寻故梦

"放着国外的幸福日子不过,来到这穷山沟里免费教英语,哪有这样的好人?难道是癫鬼(客家话'疯子')?"十几年前,当廖乐年第一次来到长教村教英语时,很多人都觉得这个来路不明的人肯定没安什么好心。十几年后,廖乐年的学生已经多达5 000人,往往第一拨学生还没有下课,第二拨学生早就趴在窗户外面等着了。村里人都抢着请他到家里去吃饭,这个洋老师"火"起来了。

廖乐年,马来西亚人,祖籍中国广东省梅州市大埔县。2011年,他荣获"2011南方·华人慈善盛典"慈善人物奖,被评为"美丽南粤广东年度贡献人物"。

廖乐年大学毕业后,成为一名英文和马来文教师。退休后,他一直想去支教,做一点力所能及的事情。后来,朋

友的一句话让他找到了方向:"你为什么不回中国教英语呢,你教了一辈子的英语,又是华人,中国也需要这样的服务啊。你为什么不为自己的祖国做些事呢?"

"可我不会说汉语啊。"廖乐年不是不想做,只是没有信心。

"你是华人,你身体里流的是中国人的血,我相信你肯定没问题的。"

在朋友的鼓励下,廖乐年终于下定决心。2001年,他专程到中国香港学习汉语。当年,他来到了广州。可是当朋友问他老家地址时,他只知道母亲是广东省梅州人,具体是哪个地方不清楚。情急之下,他顺口说出了小时候常听母亲说的一句话:"广东大埔长教百江铁桥德心堂。"谁知,朋友一听就将他带到了长教村。他原以为母亲念的是一句唱词或是戏文呢,没想到,这句话的意思竟然是家乡的地址。

这时,廖乐年才懂得了父母的心,多少年来,无论生活给予他们多大打击,无论如何辗转艰辛,父母魂牵梦绕的永远是自己的家乡。廖乐年禁不住热泪盈眶。此时,他多想告诉母亲:"我回家了!"但令他抱憾的是,此时母亲早已长眠于地下。为了实现梦想,廖乐年婉言谢绝了多家教育机构的高薪聘请,放弃了马来西亚悠闲富足的退休生活。2002年,他来到了老家广东省长教村,开始了支教生涯。他说:"我这个客家游子终于找到了下半生要走的路了。"

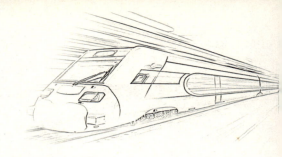

　　对廖乐年来说,初到家乡最难克服的不是语言、饮食、居住等问题,而是信任危机。听说廖乐年要免费教学生学英语,人们都觉得他疯了或是另有企图。廖乐年忍受着委屈和寂寞,坚持了下来。终于,长教村英语学校在翠轩公祠开课了。村民们半信半疑地将自己的孩子送到了这里,廖乐年丝毫不敢懈怠,他潜心研究适合孩子们的教学模式,并创立了属于自己的一套教学方法。一个学期下来,廖乐年教的学生的英语成绩直线上升,村里的孩子们学到了正宗的英式英语。村里人的态度也由怀疑变为信任,而且慕名前来的学生越来越多。廖乐年根据学生的学习情况进行针对性的教学。湖南省的一名志愿者说:"在这里待上一段时间,日常口语都没问题。"一位40多岁的母亲和女儿一起来到这里学英语,她笑着说:"我老家就是这个村的,18岁的时候就去广州工作了,在大酒店做过总机接线员,那时候我就想,如果会英语该多好啊。没想到回到村里,这个心愿倒实现了。"

　　为了维持翠轩公祠的正常运转以及各项开销,廖乐年每年要花二三十万元。即使这样,廖乐年仍然坚持免费招生、免费授课,不向学生收取费用。那么他是从哪得到这些资金呢?原来每年总有那么一段时间,廖乐年都会悄无声息地从长教村消失,他奔走于中国香港、新加坡、马来西亚，甚至澳大利亚等地，调动各种社会资源，四处"化缘"。廖乐年有一个爱好，就是打高尔夫球。有一次，他在马来西亚打高尔夫球时，看到一个大老板也在打，他就抓住时机跟人家搭话，宣传慈善公益事业，争取对方的经费支持，他戏称自己是"棒打大款"。就这样，廖乐年10年间筹集的各种经费加起来有200万元左右。

廖乐年日复一日、年复一年地坚持着自己的信念，村民们看到了他多年来的不易，渐渐理解了他的做法，进而被他感动。村民们知道他一直是独身，所以一到过年过节的时候，都争着邀请他到家里吃饭，更有不少他曾经教过的学生从各大城市赶回来陪他过节，也有人自发贡献一份力，如村民廖安国把卖猪的钱全拿出来交给他办学校，廖乐年的学生廖文敏免费给幼儿园和低年级的孩子们上课，湖南人苏胜不远千里来到长教村当志愿者……

廖乐年经常会被问到这个问题："你疯了吧，你这么做有什么好处啊？"他答道："我小时候也是靠别人的资助才完成学业的，这些经历我都记着呢。况且，我父母一辈子最大的愿望就是回到这里，他们最终没实现的这个心愿，我要替他们来完成。我是一个外国人，但中国才是我真正的家乡，我愿意为自己的家乡做点事，我想要更多的中国孩子学会英语，让他们能走出小村子，走向世界。"

知识链接

客家 客家是汉族的支系。客家人主要集中在粤东梅县、兴宁、大埔、五华、惠阳等地。在海外,很多国家都有客家人的聚居地,如马来西亚、印度尼西亚等。叶挺、叶剑英、李光耀等都是客家人的杰出代表。

❋ ❋ ❋

树高千丈,落叶归根。

——(清)李宝嘉

利比里亚的中国军医

有这样一支部队,他们不远万里来到利比里亚,但他们给当地人民带来的不是战争和冲突,而是和平和救助,他们就是中国维和部队中的白衣战士。中国维和部队医疗分队的任务是保证联合国驻利比里亚维和人员的安全与健康,而实际上,他们所做的远远超出了他们分内的任务。

郝天智是北京军区总医院烧伤整形科的一名医生。2006年,他接到任务随医疗分队赴利比里亚执行国际维和任务。在利比里亚期间,他亲眼看到无辜的百姓受到战争的残害,失去了亲人、朋友,失去了家园,失去了健康,甚至失去了生命。郝天智告诉自己,作为一名医生,救死扶

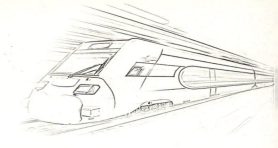

伤是自己的职责;而作为中国国际维和部队的一名军人,更要代表中国军人履行自己维护世界和平的任务。

一天晚上,上完夜班的郝天智正准备休息时,床边的电话响了起来。

"喂,怎么了?"

"郝大夫,不好了,又有人烧伤了……"电话的另一头焦急地说着。

当了多年的烧伤科医生,郝天智早已习惯见到各种烧伤情况了。然而,当郝天智急匆匆地赶到医院,见到病人的那一刹那,他惊呆了。伤者是一名9岁的儿童,由于长期饥饿导致营养不良,他身材矮小,骨瘦如柴,看上去就像四五岁的样子。他被战火烧伤,因长时间得不到有效的治疗,污秽不堪,身上没有一块皮肤是健康的,散发出让人难以忍受的恶臭。

"郝大夫,这个孩子病得太严重了。我们给他做了检查,这孩子的烧伤创面已经感染得很严重了,估计全身都已经感染了。他现在正在发热,白细胞数量已经大大超出了正常范围。"

"郝大夫,特别是……"医生们都束手无策,不知道是不是应该救治这个孩子,更不知如何开口,说出那个令人痛心的真相。"郝大夫,他是……我们给他做了化验,他有

艾滋病……"

刹那间,科室里沉默了。郝天智出了一身冷汗,大家都知道,烧伤创面的分泌物有很强的传染性,如果给他治疗,一不小心,医生很有可能会感染艾滋病病毒。郝天智大脑一片空白,但看着这个痛苦呻吟着的孩子,看着这个出生在战争国度的孩子,他下意识地说:"全力以赴,一定要救他。孩子是无辜的。虽然他已经很脆弱了,但依然是一个活生生的生命,我们没有理由放弃他。"

医疗部队承受着极大的精神压力,给孩子做了手术。经过了几个小时的奋战,手术成功了。因为没有成品药可用,所以郝天智还必须根据孩子的病情和当地的气候,当场配置药品。同时,医生们给孩子定了专门的菜单,让厨师为他准备了特殊的饮食。在医疗队精心的照顾下,孩子的病情有了明显好转。但郝天智了解到,因生活所迫,孩子的爸爸常年在外地做工,而他母亲刚刚生下一个孩子,平时照顾这个孩子的是他舅舅。然而,他舅舅为了生计刚刚找了一份工作,不可能日日夜夜陪孩子在医院。因此孩子脱离危险后,必须立即回家休养,不然他舅舅的工作也要丢了。这意味着如果要保证这个孩子之后能够得到较为合理的照顾,就必须隔三岔五来医院复诊。然而,好几天过去了,孩子还是没有消息。医疗队的医生们很是担

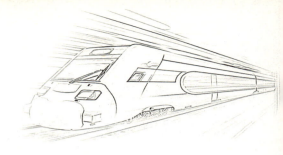

心,因为要是再次被感染,孩子的性命就会受到威胁。

郝天智说:"我也是孩子的父亲。面对惨状,真是感到莫名的悲哀,是战乱使他失去了他本该享受的美好童年,我们一定要尽快治愈他。"接着,郝天智接到了医疗队领导的指示,带领几名医护人员,穿过了崎岖泥泞的小路,来到了这个孩子的家。这个孩子的家人见到了中国援外医疗队的医生们,激动极了,孩子的祖母挨个拥抱医生。因为她知道,医生们一路过来是多么的不容易,是穿越了战区、躲过了危险才来到这里的,即使不考虑安全因素,出诊也不在医疗队的职责之内啊。正是郝天智一行人一次次的复查和精心的调理,孩子的病情大为好转。郝天智一行人也松了口气。

还有一次,利比里亚中国维和医院迎来了一位重病患者。她在3年前的战乱中负了伤,左腿被枪击中。尽管几年来一直在多方治疗,但是伤口一直流脓淌血,没有愈合。医生给她照了X光,发现左大腿里还存留着大小弹片100多块。想到病人就这样度过了3年,医疗队的医生们无不感到悲哀。病人在长期病痛的折磨下,体质十分弱,神经也很脆弱,能不能治愈,大家心里也没谱。但是,医疗队的医生们下决心治好她。

做好充分准备后,中国维和部队的军医们将她推进了

手术室。两个小时过后,病人的问题基本解决了。病人昏睡了很久,仿佛很久没这样舒舒服服地睡过觉了。

出院前,病人的哥哥、弟弟和其他家人一起来到医院。他们对医疗队的医生们伸出了大拇指,由衷地说:"中国医生很棒,谢谢你们!"

除了高强度的工作外,这些军医也与其他维和部队的军人一样,要忍受闷热难耐的天气和阵阵的孤独寂寞。郝天智每天下了班后,都要赶紧打开电脑上网或找同事聊天,从而缓解自己对祖国、对妻儿的思念。

郝天智说道:"有时候,我一个人来到河边散步,看着月亮,想着老婆和儿子这会儿在干什么呢,他们一定也在想我吧。但是一听到枪响,我就会被惊醒,发现自己还在利比里亚,就会想到自己作为一名医生的职责,更会提醒自己,作为一名军人、一名中国国际维和部队的军人的职责。"

从 1990 年到 2013 年,中国向外派出了 7 000 多人。其中军医们接诊治疗 20 000 多人。他们冒着枪林弹雨,救死扶伤,为世界的和谐贡献着自己的一份力量。

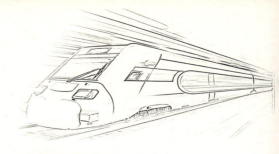

中国维和部队 中国维和部队也称"中国国际维和部队",是联合国维和部队的一个组成部分。联合国维和部队成立于1956年,是一支跨国界的特种部队。所有联合国维和部队的成员都要到设于北欧四国的训练中心接受特种训练,以熟悉维和部队的职能、宗旨和任务,掌握相关的技能。从1990年开始,中国每年都会向联合国派遣军事观察员执行维和任务。中国维和部队以自己的实际行动彰显了中国"爱和平、负责任"的大国风范,展示出中国军队的良好形象。

❋ ❋ ❋

不为战争和毁灭效劳,而为和平与谅解服务。

——[瑞士]海塞

铸造中非"友谊之路"

20世纪六七十年代,一批批中国专家、技术人员和工人远赴非洲,他们不畏艰险,用10年的时间在非洲大地上修建起一条长达1 800多千米的铁路——坦赞铁路。这条铁路不仅将坦桑尼亚和赞比亚连接在一起,还在中非之间竖起了一座友谊的丰碑,被誉为"友谊之路"。

20世纪60年代,非洲民族解放运动蓬勃发展。1964年,坦桑尼亚和赞比亚两国相继宣告独立。不过,要想彻底摆脱英国的殖民统治,仅仅实现政治上的独立是远远不够的,还必须尽快实现经济上的独立。为了发展经济,坦桑尼亚希望将本国西南部的物产运送出去,地处内陆的"铜矿之国"赞比亚也急需一条通道,将其物

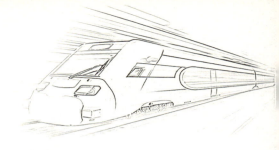

产销往国外。于是,当时的坦桑尼亚总统尼雷尔和赞比亚总统卡翁达商议决定在坦桑尼亚、赞比亚两国之间修筑一条跨境铁路。然而,这两个刚刚独立的国家没有足够的经济实力和技术水平来完成这条铁路的修建工作。寻找外援,便成为它们的必然选择。两国首先将求助的目光投向了西方及苏联,但均遭到拒绝。抱着试试看的态度,它们找到了中国。

1965年至1967年,坦桑尼亚总统尼雷尔和赞比亚总统卡翁达相继访华,与中国政府商议援建坦赞铁路的相关事宜。此时的中国正处于国民经济调整和恢复时期。与此同时,中国遭到美国等西方国家的重重封锁,与苏联的关系也持续恶化。然而,为了帮助同为第三世界国家的非洲朋友,中国承担起这项耗资巨大的铁路工程。经过多轮谈判之后,1967年9月5日,中国、坦桑尼亚、赞比亚三国政府在北京签订了《关于修建坦桑尼亚—赞比亚铁路的协定》。协定规定,中国将向坦桑尼亚、赞比亚两国提供无息贷款人民币9.88亿元用于支付工程费用,派遣专家对铁路进行修建、管理和维修,并培训技术人员。

1968年5月,第一批中国工程师到达坦桑尼亚首都达累斯萨拉姆,开始铁路全线的勘测工作。一路上人烟稀少,疟疾盛行,野兽出没,自然环境极其恶劣。一位勘测队员因被毒蜂蜇得遍体鳞伤,不幸去世。为了对全线进行全面的考察,队员们在非洲大草原和原始森林里走了5 000多千米(坦赞铁路全长1 800多千米)。面对重重考验,中国勘测设计队不畏艰险、迎难而上,终于在两年里完成了勘测任务。1970年10月26日,坦赞铁路正式开工。

气候炎热、食品短缺、缺医少药、人烟稀少、蚊虫肆虐……坦赞铁路的修建就是在这样的艰苦条件下进行的。由于设备比较落后,大部分工作还得依靠人力。在修建坦赞铁路的整个过程中,中国政府派出的工程设计和施工人员共计5.6万人次,高峰时,施工现场多达1.6万人。此外,铁路沿线很多地区都是沼泽地带,高原区海拔接近2 000米,复杂的地形给施工带来了许多困难。坦赞铁路的修建共分为达姆段、姆马段、马通段、通谦段、谦卡段5个阶段,在完成达姆段502千米的施工后,工程随即进入了姆马段的建设。姆马段是从姆林巴到马砍巴克之间的路段,虽然只有157千米的距离,但是它是整个坦赞铁路

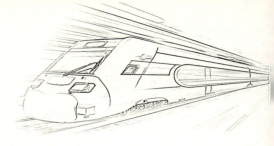

中地形最为复杂也最为凶险的路段,丘陵起伏、泥塘遍布。虽然困难重重,但中国工作人员也不怕苦、不怕累,倾尽全力为非洲友人铺设这条"友谊之路"。

在修建坦赞铁路的过程中,64位中国工作人员献出了自己宝贵的生命,永远长眠在了非洲大地上。在距离达累斯萨拉姆西南24千米处,坐落着中国援坦专家公墓,坦赞铁路从其附近经过。公墓内安葬着47位在修建坦赞铁路时牺牲的中国专家、技术人员和工人,另有17名安葬在赞比亚。他们当中,年龄最小的仅24岁。据统计,这些烈士中约有30%牺牲在工地上,40%死于交通事故,还有30%被恶性疟疾等疾病夺去了生命。墓园中央,数十块水泥筑成的墓碑整齐地排列着,墓碑上铭刻着逝者的姓名、籍贯和生卒年月。每逢清明时节,办事处都会准备好白色和黄色的玫瑰,邀请当地所有中国人到公墓为他们扫墓、献花。

曾担任隧道工程队队长的李景普,1970年受命来到坦桑尼亚后,给远在国内的家人写了一封饱含深情的信。在信中,他向即将分娩的妻子表达了深深的歉意,并嘱咐她照顾好自己和孩子。没想到,这封家书竟成了李景普的绝笔。在从达累斯萨拉姆返回工地的途中,他乘坐的吉普车俯冲到一辆巨型卡车的底盘之下,李景普不幸遇难。他是坦赞铁路建设期间因公殉职的职务最高的中方工程技术人员,去世时年仅44岁。

经过5年多的艰苦努力,这条曾被西方舆论断言不可能建成的铁路建成了。1976年7月14日,坦赞铁路举行了全线交接仪式。一位西方工程师在参观完这条铁路后感慨万分,他盛赞道:"只有修建过万里长城的人,才能修出这样高质量的铁路。"铁路东起坦桑尼亚的达累斯萨拉姆,跨越东非大裂谷带,西至赞比亚中部的卡皮里姆波希,全长1 860.5千米。沿途修建了320座桥梁、22条隧道和93个车站。在铁路沿线,中国人还无偿为两国修建了机车厂、办公大楼等配套设施。为顺利执行中国与坦桑尼亚、赞比亚政府间的铁路技术合作协议,坦赞铁路建成交工后的整整30年间,又先后有近3 000名中国铁路专家被派往两国工作。

坦赞铁路是一条贯通东非和中南非的大干线,其建成后极大地改善了坦桑尼亚、赞比亚两国的交通运输状况,也成为两国经济发展的命脉。30多年来,这条"友谊之路"促进了两国经济的发展和城乡间的物资流通。铁路沿线涌现了不少新兴城镇,它们逐渐发展成为各地区的政

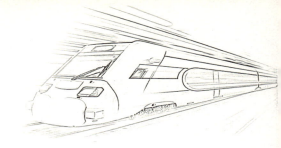

治、经济和文化中心。同时,坦赞铁路也为支援南部非洲的民族解放斗争发挥了积极作用。近年来,坦赞铁路的重要地位日益突出,它成为非洲东部和南部近20个国家的主要运输线。坦赞铁路的管理者说,随着非洲各国的政治进一步稳定,这条铁路将变得越来越重要。

中国人民为非洲人民修建了这条"友谊之路",非洲人民也将这份兄弟情谊铭记于心。尼雷尔总统高度评价并称中国援建坦赞铁路是"对非洲人民的伟大贡献"。"历史上外国人在非洲修建铁路,都是为掠夺非洲的财富,而中国人相反,是为了帮助我们发展民族经济"。卡翁达总统赞扬道:"患难知真友。当我们面临最困难的时刻,是中国援助了我们。"

坦桑尼亚、赞比亚两国人民,乃至非洲其他国家都把坦赞铁路誉为"自由之路"和"南南合作的典范"。作为中国与坦桑尼亚、赞比亚两国之间长期亲密友好关系的重要见证,这条"友谊之路"将继续书写真挚绵长的兄弟情谊。

知识链接

达累斯萨拉姆 达累斯萨拉姆在斯瓦希里语意为"平安之港"。它是坦桑尼亚第一大城市和港口,全国经济、文化和交通中心,是坦赞铁路的起点站。坦桑尼亚的几条重要铁路均从达累斯萨拉姆向内陆伸展,全国三分之二地区的进出口物资都要在这里集散。该城市位于"海上丝绸之路"沿线,我国明代郑和下西洋时,曾经到过这里。它也是北京奥运会火炬传递途经的唯一的非洲城市。

❊ ❊ ❊

朋友间必须患难相济,那才能说得上是真正的友谊。

——[英]莎士比亚

中国援外医疗队的执着

有这样一支队伍,他们远渡重洋,不仅为世界50个国家和地区的人民送去了健康,还向他们展现了中国人民的兄弟情谊。50多年来,他们前赴后继,从未间断。他们就是源源不断向远在异国他乡的国际友人传递健康和友谊的使者——中国援外医疗队。

2013年3月,国家主席习近平在刚果共和国亲切慰问了在当地工作的中国第21期援外医疗队员,并用16个字精辟概括了中国援外医疗队的精神:"不畏艰苦、甘于奉献、救死扶伤、大爱无疆。"其实,这正是中国援外医疗队半个世纪以来不懈奋斗的精神动力所在。

我国向国外派遣医疗队始于1963年,至今已经走过50

多年的光辉历程。1962年7月3日,非洲北部的阿尔及利亚人民经过长期的浴血奋战,终于摆脱了外国殖民者长达130多年的统治,实现了民族独立和人民解放。战争后的阿尔及利亚满目疮痍、百废待兴,法国医生的撤退使其疾病肆虐,人民的健康受到了严重威胁。在这种情况下,阿尔及利亚政府通过国际红十字会向全世界发出了紧急呼吁,以求援助。为表达中国人民对阿尔及利亚人民的友好情谊,1963年元旦,刚刚从三年自然灾害的阴影中走出来的中国政府,第一个向世界宣布,中国将派出医疗队支援阿尔及利亚。1963年3月,一支由武汉、北京、上海等地区24名医疗专家组成的医疗队被迅速组建起来。1963年4月16日,中国政府派遣的第一支援外医疗队中的第一批成员成功抵达阿尔及利亚西部城市——撒哈拉沙漠边缘的赛义达市。第二天,医疗队的队员们就投入紧张的工作中。

中国援外医疗队第一次出现在赛义达市,引起了当地民众的极大兴趣。除了感到好奇之外,他们更感到疑惑和不解。面对重重困难,医疗队员们以精湛的医术和用心的服务,为当地百姓解除病痛。不久,他们便赢得了当地百姓的广泛赞誉和当地院方的极大认可。为更好地服务于当地民众,中国援外医疗队决定下乡做巡回医疗,到那些人烟稀少、条件艰苦、缺医少药的地区义诊。

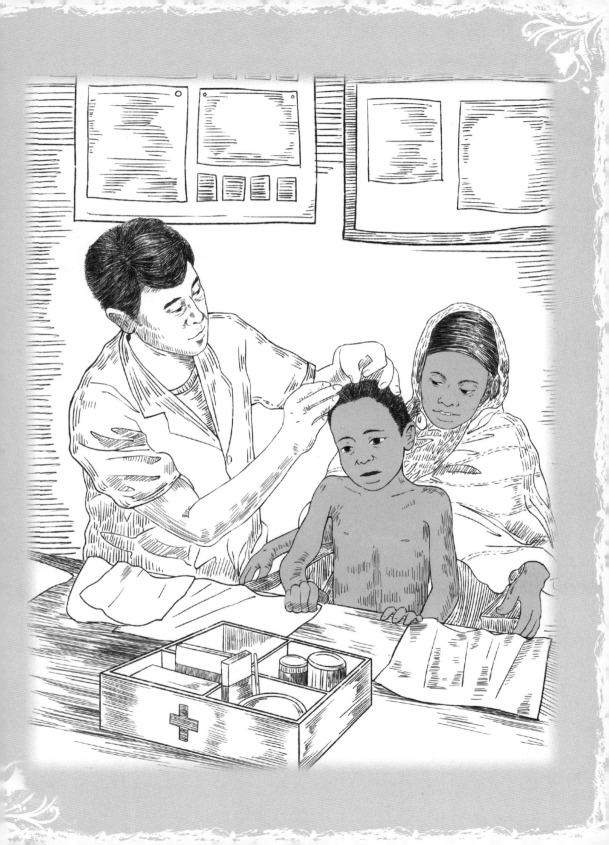

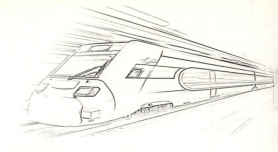

中国援外医疗队在阿尔及利亚的无偿援助获得了良好的口碑,请求中国派遣医疗队的非洲国家不断增加。一些国家和中国建交或复交时,提出的条件之一就是要求中国派遣医疗队并提供医疗援助。1971年10月25日,第26届联合国大会上,中华人民共和国最终以76票取得了联合国的合法席位。非洲有26个国家投下赞成票,其中有11个是接受中国援外医疗队无偿援助的国家。对此,毛泽东主席动情地说:"是非洲朋友把我们抬进联合国的。"这种彼此间的鼎力相助,源自国与国之间的相互尊重和真诚信任。

为完善和提升当地的医疗卫生体系,更好地为当地民众提供优质的医疗服务,在派遣医疗队的同时,中国政府还无偿为受援国援建医疗中心,并提供大量成套的医疗设备和药品。

50多年来,中国政府派遣的援外医疗队遍及世界五大洲,主要集中在地广人稀、物资匮乏、疾病流行的非洲国家。在那里,队员们不仅要在简陋的条件下工作和生活,还要面临疟疾、霍乱以及艾滋病等传染病的侵袭。即便如此,一批批中国援外医疗队依然不辱使命、前赴后继,勇敢地走进非洲各国,为那里的民众送去中国人民的兄弟情谊。他们克服工作、语言和生活等方面的重重困难,凭着

高超精湛的医术、人道主义的情怀和坚忍不拔的毅力,为成千上万的非洲人民解除病痛。半个世纪以来,中国援外医疗队始终如一、不离不弃。

20世纪七八十年代,受援国医院的条件比较简陋、硬件设施匮乏。面对这种情况,医疗队的队员们充分发扬了自力更生和艰苦奋斗的精神,和当地的医护人员一道,动手制作必要的医疗设备和器械,中西医结合、因地制宜地开展救治工作。无论条件有多么艰苦、环境有多么恶劣,队员们都始终在各自的岗位上忘我工作、奉献爱心,力所能及地帮助那些等待救治的病人。在非洲一些偏远的地区,那里的人民虽然对遥远的东方不甚了解,但是对中国援外医疗队的医生们却称赞有加。

对队员们而言,最大的困难莫过于语言的障碍。大多数医疗专家被选入医疗队时,都已过不惑之年,让他们重新学习和掌握一门外语是有难度的,尤其是诸如法语、西班牙语、葡萄牙语、阿拉伯语这些小语种。工作中,队员们会虚心向当地的医护人员求教;回到驻地后,他们还会挤出时间学习。语言关的突破使队员们得以与当地医院的医务人员展开医学交流,他们定期组织临床教学,为受援国培训出了一批批专业医护人员。

由于大部分受援国物资缺乏,因此为了改善生活,医

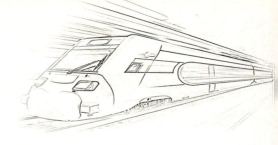

疗队的队员们在工作之余不得不开荒种地。尽管生活环境艰苦,但是队员们不忘寻找人生的乐趣,他们会不时地开展摄影比赛、歌咏比赛和体育比赛等业余活动。长期在异国他乡工作,最让他们牵肠挂肚的莫过于国内的亲人。目前,中国援外医疗队仍然执行每两年轮换一次的规定,尽管这两年中有一次和家人团聚的机会,但在远离祖国和亲人的日子里,队员们要承受着寂寞和孤独,甚至还有意想不到的坎坷和变故。不过,为了祖国的利益、为了人类的福祉,中国援外医疗队的队员们无怨无悔。

　　在长达半个世纪的时间里,从撒哈拉沙漠到维多利亚大瀑布、从乞力马扎罗火山到几内亚海湾、从尼罗河河畔到东非大裂谷、从刚果河河畔到赞比西河流域,中国援外医疗队的队员们在非洲大地上兢兢业业、无私奉献,为受援国的医疗卫生事业和人民的健康福祉做出了巨大贡献。有资料表明,到目前为止,在世界各国派往不发达地区的医务工作者中,中国医生人数最多、规模最大、历时最久、影响最好。

　　随着中国政府无偿援助的医疗设备的到来,20世纪80年代初,中国援外医疗队就在坦桑尼亚率先开始了外科手术。1979年5月,中国医生在塔宝拉省医院为一位心脏病患者成功实施了二尖瓣狭窄闭式扩张手术,这是坦桑尼亚实施的第一例心脏手术。1982年10月,在坦桑尼亚的姆希比利国家医疗中心,援坦桑尼亚第8批队员吴承远和其他队员一起,面对困难和压力,勇敢地承担起了坦桑尼亚前所未有的脑外手术。此外,中国医生也培养出了一批坦桑尼亚本国的神经外科医生。为此,坦桑尼亚医疗专家萨隆迪教授曾感慨地说道:"其他国家的专家是把钓的鱼给了坦桑尼亚,而中国专家把钓鱼的方法教给了非洲医生,中国的医生就是坦桑尼亚神经外科之父。"许多质朴的坦桑尼亚百姓深情地说道:"中国医生不计时间,不计报酬,一切为病人着想,办事认真负责,是我们的救命恩人。"

在非洲,医疗环境较为简陋,依靠各种仪器设备检验的西医很难发挥其应有的作用,相比之下,诊疗方式简便易行的中医则更有用武之地。50多年前,中国援外医疗队的医生们就把传统的中医诊疗手段带到了非洲大地上。在几内亚,上至总统,下至百姓,都熟悉中医、了解中医。在中国援外医疗队医疗专家的培养下,几内亚的很多医院都有掌握中医诊疗技术的当地医生。作为第24批援外医疗队里唯一的中医,欧阳八四被桑岛民众亲切地称为"神医"。在他们眼里,这位中国医生就像魔术师一样,在皮肤上扎几根针就能把病治好。为了更好地宣扬中国的文化,欧阳八四出版了一本英文版的《传统中医和中国针灸》。

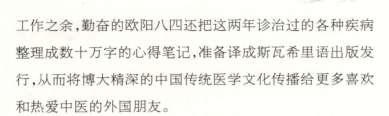

工作之余,勤奋的欧阳八四还把这两年诊治过的各种疾病整理成数十万字的心得笔记,准备译成斯瓦希里语出版发行,从而将博大精深的中国传统医学文化传播给更多喜欢和热爱中医的外国朋友。

据不完全统计,自1963年4月至今,中国已向世界50个国家和地区派出医疗队诊治病人约2.6亿人次,有超过2亿非洲民众得到了中国医生的救治。此外,中国援外医疗队还无偿向受援国提供大量医疗设备和药品。50多年来,有1 000多名医疗队员获得了受援国总统颁发的总统勋章或骑士勋章。然而,遗憾的是,有多名医疗队员因战乱、意外、疾病等原因,献出了自己的宝贵生命,永远长眠在了异国他乡。

然而,为了人类的健康,一代又一代中国援外医疗队的队员们前赴后继、无私奉献,在世界各地,特别是在非洲大地上书写着中国人民对非洲人民的兄弟情谊。中国援外医疗队不懈奋斗50多年,在世界各地友人的心中树起了丰碑。

世界卫生组织　世界卫生组织是联合国专门机构,总部设于瑞士日内瓦。该组织只有主权国家才能参加。1948年4月7日,世界卫生组织宣布成立,因此每年的4月7日被定为"世界卫生日"。出版刊物《世界卫生》《世界卫生组织公报》等。

❋　❋　❋

一滴水只有放进大海里才永远不会干涸,一个人只有当他把自己和集体事业融合在一起的时候才能最有力量。

——雷锋

"洋美猴王"的京剧梦

格法是一名出生在伊朗的英国人,在英国的曼彻斯特索菲特大学获得电脑三维设计硕士学位之后,在英国的一所艺术学校任教。然而,令他完全没有想到的是,在伦敦举办的一场京剧演出竟然改变了他的人生。1993年,因为一个偶然的机会,已经考取三维动画专业博士的格法观看了北京京剧团在英国的一场演出,那优美动听的唱腔、华美精致的戏服、独具特色的脸谱、千姿百态的身段、出神入化的表演……无一不令他感到前所未有的震撼。当时的格法一句中文都不懂,但凭借着自己做三维动画设计的审美眼光,他觉得"京剧的身段是最美的"。

于是,被中国京剧深深吸引的格法来到后台,想方设法地跟剧团的演员们"套近乎"。他用英语告诉团长,自己想要学习京剧。在场的所有人都以为格法不过是一时兴起，随口说说。没想到，京剧团巡演到哪儿，他就跟到哪儿。团长被格法的真诚打动了，许诺帮他联系京剧学校，这令他兴奋不已。从这一刻起，格法的命运似乎就与京剧紧紧地联系在了一起，再也无法分开。不久，他收到了邀请函。于是，不顾亲朋好友的反对，格法辞去了令人羡慕的工作，来到中国成为中国戏曲学院的一名学生，开始了寻梦之旅。那一年，他32岁，在很多人看来这是一个不适合学戏的年龄。

由于对北京的气候、饮食、住宿等方面的不适应，格法刚来这里不到两个星期就病倒了。此外，一句中文都不懂的他不但要迅速学习中文，还要尽快了解博大精深的中国文化。考虑到格法的特殊身份，中国戏曲学院的老师为他选择了唱词、念白最少的武生角色。然而，武生讲究的是"童子功"，京剧演员一般从四五岁就开始进行专业训练，如压腿、踢腿、下腰、拿顶、翻跟头……已过而立之年的格法硬着头皮从头开始，每天和一群十几岁的孩子一起练功。由于没有一点基础，他练起来非常吃力，腿压不下去，几个人就帮着他一起压。就这样，格法每天至少要接受好几个小时的训练，有时甚至会练到头晕眼花。一天练下来，浑身的酸痛让他吃不下饭、睡不着觉。在格法的班上，

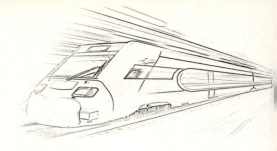

好几个外国同学都因为吃不了苦而陆续离开。但格法从来都没有想过放弃,他暗暗发誓:学不成京剧,决不回国。身体实在难受的时候,他就跑到白云观跟道士学习打坐。

在北京,格法住在陶然亭一带,因为那里是北京最有京剧氛围的地方。附近不但有天桥、湖广会馆和北京京剧院,街心公园里也时常有人练习京剧。每天一大早,格法都会骑着一辆自行车去那些地方转转。晚上回到家以后,他又投到自己的"京剧世界"中。在他的家里,满屋子摆放的都是戏服、道具等。

经过几年的刻苦训练,格法的技艺已经大有提高。一次,一位打鼓的师傅对他说,他深眼窝、高鼻梁的面相很适合扮演《大闹天宫》中的美猴王,而这个充满传奇色彩的角色也正是格法向往已久的。于是,他买来许多相关资料,开始潜心研究。功夫不负有心人,美猴王这个角色被他演绎得活灵活现。每次登台,他所演绎的美猴王都能博得满堂喝彩,他还被外界冠以"洋美猴王"的美名。"他最擅长的就是猴戏,一个外国人,能唱到这水平,的确难能可贵。"鼓师赵万金对格法做出了这样的评价。后来和他一同演出的美国女孩艾丽丝则对他说:"你就是美猴王,美猴王就是你。"

付出总有回报,格法不仅成为第一个修完中国戏曲学院全部课程的外国人，还凭借在《大闹天宫》中的出色表演，于1996年获得了第二届北京国际京剧票友大赛"金龙奖"。在对中国京剧越来越了解的同时，格法也发现，现在在中国，听京剧的人越来越少了。格法很担心京剧这门艺术会逐渐被人们忘却。他觉得自己有责任为京剧的发扬光大做出努力。想到自己特殊的身份，他决心通过自己的努力让更多外国人了解并喜爱京剧。于是，格法成立了自己的美猴王剧团，并多次到世界各地演出、交流。剧团的成员组成了一个"小小联合国"，除了来自英国的"洋美猴王"，还有来自比利时的"土地爷爷"、美籍非洲裔的"王母娘娘"、日本的"七仙女"……格法曾带领自己的剧团在美国巡回演出66场，还曾组织过由48人组成的京剧表演团在马来西亚巡演。

可格法发现让外国人理解京剧并不容易。许多外国人虽然喜爱京剧，但是无法理解其内涵。为了能让外国人更好地了解京剧，格法萌生了用英语唱京剧的想法："我理解西方观众对京剧想了解又困惑的感觉。我要用英文唱京剧，让更多的人欣赏这种世界上最美的艺术。"格法改编的第一部英文版京剧就是《大闹天宫》，由于简单的翻译很难表现出京剧所蕴含的意境，因此他用莎士比亚戏剧的语言风格来进行翻译。在他的努力下，西方的观众对故事内

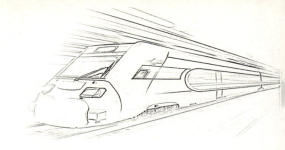

容更加了解了。近年来,英文版京剧《大闹天宫》被这位"洋美猴王"陆续带到美国、英国、意大利、马来西亚、伊朗等国家,受到了很多观众的喜爱。值得一提的是,在英国,格法就用英语演绎京剧;在伊朗,他就用波斯语演绎京剧。就这样,格法竭尽全力地将中国京剧这一独特的艺术形式介绍给世界各地的朋友。格法说,他要用不同的语言将中国的京剧推广出去。

2009年10月20日下午,"中国美猴王"六小龄童与"洋美猴王"格法会面,两人交流扮演美猴王的心得,相谈甚欢。六小龄童非常感谢这位国际友人对中国戏曲文化、猴戏艺术的热爱,希望能通过格法的努力把中国文化传播到世界各地,把中国的猴戏艺术发扬光大。

格法目前任职于英国国际美猴王戏剧中心,专门从事以京剧为主的国际交流工作。他带领自己的京剧学生,以讲座、演出、交流等形式,参加世界各地的艺术节。年过半百的他,每天依然练功5个小时。格法说他要一直唱下去,直到生命的尽头。

当中国的很多曲艺形式都面临着生存与发展的困境时,当社会上的很多人忙于追逐名利时,"洋美猴王"格法却用一颗难能可贵的虔诚之心执着地追求着自己对京剧的那份梦想,将人生宝贵的时光奉献给了京剧传播。

知识链接

天桥 天桥在北京市永定门内。清末逐渐成为民间艺术集中演出地区。经常有各种戏曲、曲艺、杂技、木偶戏、武术等,或以摆地摊方式,或在简陋的戏棚中演出。许多著名的民间艺人,如清末相声艺人穷不怕、民国初年滑稽京剧演员云里飞等,都出于此。

❋ ❋ ❋

我是个拙笨的学艺者,没有充分的天才,全凭苦学。

——梅兰芳

爱唱中国歌的黑人兄弟

"一条大河波浪宽,风吹稻花香两岸。我家就在岸上住,听惯了艄公的号子,看惯了船上的白帆……"歌者饱含深情,发音字正腔圆。很多人想不到,这位歌者是一位来自非洲的黑人兄弟。

他叫郝弟,1985年出生于尼日利亚。郝弟家中兄弟姐妹七人,他排行老四。从小他就酷爱唱歌,并展现出过人的音乐才华,虽然他从未接受过专业的音乐训练,但是他的歌声非常动听。2005年,20岁的郝弟从大学毕业了。主修心理学的他,在找工作时四处碰壁。为了不给家里增加负担,郝弟开始在家乡拉各斯的一家酒吧驻唱。渐渐地,郝弟在当地小有名气,可他一直想为自己的音乐梦想

寻找一个更广阔的舞台。2006年,郝弟的亲哥哥郝歌以其优美动人的歌声和独具特色的舞台亲和力夺得了《星光大道》栏目的年度亚军。他邀请弟弟也来中国,寻找发展机会。于是,满怀音乐梦想的郝弟在2007年踏上了中国的土地。

一开始,郝弟只能每晚在北京后海酒吧街驻唱。那时,他每晚都要唱二十几首歌,虽然比较辛苦,但是他非常珍惜这个机会。舞台虽小,但对郝弟而言,有着特殊的意义,因为那里见证了他的奋斗和坚持。

2008年,一个宝贵的机会出现在郝弟的面前,他加入了五洲唱响乐团,成为该乐团的男主唱。这支由来自世界五大洲的音乐人组成的国际乐团,参加了中央电视台综艺频道的《星光大道》比赛,最终在年度总决赛中获得了第四名的好成绩。郝弟没想到的是自己有一天也登上了哥哥曾经站过的舞台,更没想到,这次比赛让他一炮走红,还有了粉丝。

刚出名的那段时间,郝弟有点儿飘飘然,没有意识到仅凭《星光大道》的成名是远远不够的。更为重要的是,虽然会唱一两首简单的中文歌曲,但是郝弟仍然无法在实际

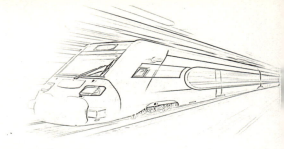

生活中灵活自如地使用汉语。直到一次在外地酒吧里的失败演出,给了他重重一击。那次,在台上唱着英文歌的他,发现客人竟然陆续离开了。演出的失败让他没有拿到一分钱的酬劳。酒吧老板也拒绝为他支付返程费用。无奈之下,郝弟只好用身上仅有的钱,乘坐大巴回到了北京。

究竟要不要留在中国追寻自己的音乐梦想呢?这次演出的失败让郝弟在心里反复地盘问自己这个问题。追梦坎坷、独在异乡、语言不通,一切都让郝弟沮丧,此刻的他非常想念远在非洲的母亲,想念家的温暖。恰好这时他的签证即将过期,需要回国重新办理相关手续。可是,一想到往返两万多元的费用,郝弟有些苦恼。这时,五洲唱响乐团的团长向他伸出了援手。就这样,郝弟带着落寞的心情回到了故乡尼日利亚。令他没有想到的是,回到家之后,迎接他的不是母亲温暖的怀抱,而是一顿责骂。"你要特别清楚自己想要什么,你到那个国家是干什么的……"母亲的话让郝弟陷入了深深的反思之中。回想自己一开始的坚持不懈和成名后的骄傲懈怠,他意识到自己的错误。郝弟不想失去那么好的一个舞台,1个月后,他再次来到中国。他从哥哥的家里搬了出来,失去依靠的他,这

次要全力以赴追求自己的音乐梦想。身高1.86米的郝弟睡在公司1.5米的沙发上,天天吃蛋炒饭,生活过得很辛苦。但一想到心中的音乐梦想,郝弟就动力十足。那段日子,他每天想的都是怎样才能把钱尽快还给团长。为了挣钱,他参加各类大大小小的演出。那时,他一个月的收入有五六千元,除了留下三四百元的生活费,他把剩下的钱都还给了团长。就这样,郝弟用一年的时间还清了债务。

在还债的那段时间里,郝弟也在努力地提高自己的汉语水平。他买了一本汉语教材,工作之余便自学汉语。由于每天跟中国人待在一起,因而郝弟的汉语水平突飞猛进。他也逐渐融入了周围的圈子,交到了越来越多的好朋友。朋友们经常给他提一些好的建议,还向他推荐一些中国歌曲。一次偶然的机会,郝弟在朋友家里听到一首歌曲,便立刻被那种慷慨激昂的旋律吸引了。这种歌曲是他以前从未尝试过的,于是,他有了试一试的冲动。

2011年,郝弟录制的一段视频在网上迅速走红。郝弟身穿绿军装,在一幅巨大的毛泽东画像下高唱《毛主席的话儿记心上》。他的这段视频受到广大网友的疯狂点击和评论,短短的一天时间,就有50万的点击率和3 500条

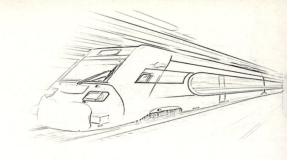

评论。

　　因红歌而迅速走红的郝弟燃起了唱红歌的热情,并报名参加了江西卫视的《中国红歌会》节目。在参加比赛的两个月里,他每天一大早就起来吊嗓子、排练歌曲。虽然陆陆续续唱了很多首红歌,但是郝弟并不理解红歌背后所蕴含的深刻内涵。在一场比赛中,信心满满的他因为不理解歌曲的背景而受到评委的质疑。在唱《映山红》这首歌时,郝弟动情地在舞台上转了一个圈儿,不料在演唱结束后,遭到了评委的批评。阎肃老师语重心长地对他说:"郝弟,你不能这样啊,你要把它的内涵表现出来。这歌的背景、这歌的内涵,你理解得不够深。"阎肃老师的这番话点醒了郝弟。从此以后,为了弄清每首红歌的背景,他缠着同事给他讲歌曲背后的故事。如果歌曲是某部电影的主题曲,他还会认真地把该电影从头到尾看一遍,以便更好地演唱歌曲。郝弟的不懈努力,得到了大家的认可,越来越多的人喜欢上了这个爱唱中国歌的黑人兄弟。除了红歌,京剧、豫剧、评剧、昆曲、黄梅戏郝弟都能露上一手。

　　名气越来越大的郝弟经常到中国各地演出,有时候一个月要出差十几次。虽然每天都在忙碌,但是郝弟并不觉

得累,他十分享受并珍惜每次演出的机会,因为这一切都来之不易。如今,收入提高了,郝弟却仍然十分节俭,将每月收入中的一大部分寄给远在非洲的家人。

2013年3月15日,郝弟和五洲唱响乐团的团员们一起登上了中国国家大剧院。当被问及为什么会选择演唱《我的祖国》这首歌时,郝弟深情地答道:"这首歌能表达出我们对中国的热爱。因为我们就是爱在中国生活,爱唱中国歌。"

一路走来,郝弟心存感激。他坦言,是中国给了他舞台,是中国观众给了他施展才能的机会。郝弟一直有个心愿,那就是能够用歌声把自己这几年来的经历记录下来,因为这段时光是他人生中最值得纪念的岁月。2013年3月26日,郝弟的这个愿望终于实现了,他在录音棚中录制了以自己经历为背景的歌曲《黑人兄弟》。正如歌中所唱的那样,"你我一家,我是你的黑人兄弟"。

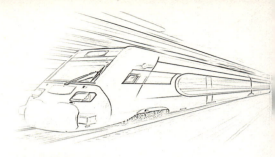

红歌　红歌即红色歌曲,是赞扬和歌颂革命和祖国的歌曲,它们是革命斗争的真实写照,能够唤起人们的红色记忆。红歌的创作源泉是民歌。红歌曲调优美,语言精练、质朴,具有时代性,为普通老百姓所喜爱。通过欣赏红歌,人们不仅可以得到感官上的享受,还能从中汲取精神力量。广为传唱的红歌有《红星照我去战斗》《东方红》《没有共产党就没有新中国》《黄河大合唱》《我的祖国》《洪湖水浪打浪》等。

❋ ❋ ❋

　　一个人可以非常清贫、困顿、低微,但是不可以没有梦想。只要梦想一天,只要梦想存在一天,就可以改变自己的处境。

——[美]奥普拉·温弗瑞

泰国公主的中国情

她是泰国人民敬仰的尊贵公主,她是中国人民的老朋友。从1981年开始,她共访华30多次。她就是泰国公主诗琳通。

诗琳通,1955年4月2日出生于泰国曼谷。1976年,她从泰国最高学府朱拉隆功大学语言文学系毕业,1979年获该大学东方语铭文专业硕士学位,次年获艺术大学东方文字考古学硕士学位,1986年获诗纳卡林威洛大学发展教育学专业博士学位。从大学时起,诗琳通就经常跟随国王和王后到泰国各地巡视,了解人民生活情况;她还协助国王进行慈善活动,并代表国王出席各种重要的国事活动。诗琳通虽身份尊贵,但平易近人、和蔼可亲,因而一直受到泰国人民的景仰。

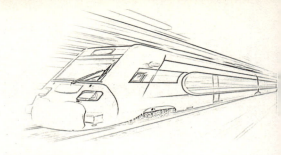

　　1973年,在代表泰国国王访问瑞典期间,诗琳通参观了斯德哥尔摩的远东古玩博物馆。在那里,她看到了中国古代的瓷器,于是对中国文化产生了兴趣。回到朱拉隆功大学后,她研读了大量用泰语、英语和法语撰写的有关中国历史和文化的资料,对中国有了进一步的了解。1980年,在王后的建议下,诗琳通师从中国大使馆选派的资深教师,开始学习汉语。经过几年不间断的学习,她具备了一定的汉语阅读能力,逐步开始用汉语研习中国的文学、历史和地理。诗琳通不仅酷爱中国的语言和文化,还对中国艺术情有独钟。在没有老师指导的情况下,她以顽强的毅力练习书法。根据自己对唐诗宋词的理解,她画出了多幅符合诗词意境的水墨画。通过不懈的努力,她学会了中国民族乐器二胡。

　　对中国语言文化的学习激发了诗琳通对中国的向往。1981年5月,在中国政府的邀请下,她首次访华,成为新中国成立之后,泰国王室成员访华第一人。中泰双方对诗琳通此次访华都极为重视。回国后,她将自己在中国的所见所闻用中泰两种文字写成《踏访龙的国土》一书,为泰国人民了解中国、认识中国打开了一扇窗。此后,她又数十次踏上中国这片土地。从首都北京到遥远的边疆、从喧闹繁华的都市到偏僻贫困的山村,诗琳通的足迹遍布中国大江南北。每次访华之后,她都会将访华感受记录下来,编撰成书。如1990年4月,诗琳通第二次访问中国,在探访了中国丝绸之路之后,她撰写了《平沙万里行》;1994年1月,她来到千里冰封、万里雪飘的中国东北,回国后出版了《雾里霜挂》一书和《公主东北三省之旅游》画册;1995年2月底至3月初,她访问了风景如画的云南,并写下了《云南白云下》。诗琳通把自己对中国的那份情流注于笔端,真实而又生动地勾勒出一个充满魅力的东方古国。诗琳通每出版一本著作,都会在泰国引起很大反响,如《平沙万里行》出版以后,掀起了泰国人前往中国的旅游热潮。

2001年2月,诗琳通以"中华文化研究项目奖学金"获得者的身份在北京大学进行了为期一个月的学习,集中研修中国的语言和文化。在她看来,"文化交流是一个普遍现象,不同文化的民族要互相了解,首先要了解对方的文化。中泰两国文化的交融正反映了中泰两国的友好关系"。学习期间,她全神贯注地听课,认认真真地记笔记。在这一个月中,她的时间被学习和活动安排得满满当当。她每天6点钟准时起床,然后沿着未名湖跑步,并在湖畔学打太极拳。上午学语言,下午学文化艺术,晚上还经常参加各种活动。回到住处后,诗琳通需要完成作业,并预习第二天的功课,勤奋刻苦的她常常会忙到深夜。

　　一个月的留学生活很快就结束了。在送别公主的宴会上,北京大学泰国研究所送给她一首赠别诗,以铭记中泰友好交往史。赠别诗为:"未名湖畔柳,一岁一荣华。今春添玉叶,根生泰王家。辛勤著文章,临窗习书画。闻鸡舞太极,弄琴向博雅。赠别柳一枝,依依到天涯。中泰亲缘深,千秋传佳话。"鉴于诗琳通长期以来为中泰文化交流所做出的贡献,北京大学于2001年3月授予她荣誉博士学位。早在2000年3月,中国教育部就向诗琳通颁发了"中国语言文化友谊奖",她因此成为第一位获此殊荣的外国友人。为了纪念这段不同寻常的留学经历,诗琳通回到泰国后出版了一本书,名叫《我的留学生活》,书中详尽地记录了自己在北京大学学习期间的点点滴滴。

　　从一开始接触汉语,诗琳通就大量搜集与汉语相关的资料。现在,她的私人图书馆已成为全泰国收藏此类图书数量最多的地方。为了对汉学进行深入研究,诗琳通常向一些饱学之士请教。凭借着深厚的功底,诗琳通对中国文化进行了大量的研究,其领域涉及文学、艺术、哲学、地理、历史、社会生活等方方面面。诗琳通对中国古典文学,尤其是唐诗宋词有着很高的造诣。她将100多首唐宋诗词翻译成泰语,并集结成《琢玉诗词》《诗琳琅》等出版。为了帮助泰国人民更好地了解中国现代的政治和社会生活，诗琳通还翻译了多部中国现当代文学作品，如王蒙的小说集《蝴蝶》、方方的中篇小说《行云流水》等。1983年，我国出版了诗琳通所著的儿童小说《顽皮透顶的盖洱》；1984年和1985年《儿童文学》期刊先后发表了她的儿童诗《小草的歌》(外三首)和《跟随父亲的脚步》(外五首)，她的这些作品受到了中国小朋友的欢迎。另外，诗琳通还为泰国帕尊拉宗告军官学校编写了《中国历史讲义》，并亲自授课。在诗琳通的努力下，近些年来，泰国掀起了中国文化热。

2009年12月8日，全国政协主席的贾庆林在人民大会堂亲切地会见了诗琳通。因为她获得了"中国缘·十大国际友人"的荣誉称号，所以她专程来华出席颁奖仪式。跟她一起获得该荣誉称号的国际友人还有白求恩、斯诺、萨马兰奇等，足以见得这个奖项的分量和诗琳通在中国人民心中的地位。

诗琳通是中泰文化交流的伟大使者，她对中国怀有的那份深情，以及对促进中泰友谊所做出的贡献，将永载两国交流的光辉史册。

中国语言文化友谊奖 为推动世界汉语教学的发展和中国语言文化的传播，为加深中国人民和世界其他国家人民之间的相互了解和友谊，教育部于1999年设立了"中国语言文化友谊奖"，旨在表彰在汉语教学、汉学研究及中国语言文化传播等方面做出突出贡献的外国友人。该奖项每3年评选一次。

✻ ✻ ✻

路漫漫其修远兮，吾将上下而求索。

——（战国）屈原

"白衣战士"白求恩

有一个外国人,他不远万里来到中国,不顾生命危险在战火纷飞的前线救死扶伤。为纪念这位战场上的"白衣战士",毛泽东主席专门撰写了一篇文章,高度赞扬了他崇高的国际主义和共产主义精神,"我们大家要学习他毫无自私自利之心的精神。从这点出发,就可以变为有利于人民的人。一个人能力有大有小,但只要有这点精神,就是一个高尚的人,一个纯粹的人,一个有道德的人,一个脱离了低级趣味的人,一个有益于人民的人。"他就是著名的加拿大外科医生、共产党员白求恩。

1890年3月3日,白求恩出生在加拿大安大略省的格雷文赫斯特镇。由于祖父是多伦多市著名的外科医生,

白求恩从小立志成为一名像祖父那样医术精湛的医生。20多年后,白求恩的梦想成了现实。1916年,他获得了多伦多大学医学院的学士学位。毕业后,他曾在法国、德国、奥地利等国观摩外科名医的手术,并在英国和加拿大担任过上尉军医和外科主任。1922年,白求恩成为英国皇家外科医学会会员。1933年,他被聘为加拿大联邦和地方政府卫生部门顾问。白求恩的胸外科医术在加拿大、美国和英国的医学界享有盛名。1935年,他成为美国胸外科学会会员、理事。这一年11月,他加入了加拿大共产党。

1936年8月,德意法西斯入侵西班牙,白求恩放弃了舒适的生活,加入了加拿大援助西班牙的人民志愿军。担任战地救护队长的他,冒着生命危险在战场上抢救伤员。1937年7月7日,日本帝国主义发动了全面侵华战争,得知此事的白求恩极力呼吁支援中国人民的抗日战争。1938年3月,将近50岁的白求恩率领着一支由加拿大人和美国人组成的医疗队来到了中国。

经过22天的奔波,医疗队首先来到了武汉。在汉口八路军办事处的一间简陋的办公室里,白求恩见到了周恩来。他激动地握住周恩来的手,急切地说道:"我能不能直

接到山西去呢?"周恩来微笑着说:"你为什么要到山西去呢?"白求恩认真地答道:"我来之前就知道那里打了胜仗,是抗日的前线。我是个军医,应该到战斗最激烈的地方去。"周恩来虽然非常赞赏白求恩的想法,但是建议他先到延安去,然后再从那里去前线。

这位"白衣战士"不仅带来了大批药品、医疗器械,还带来了自己对中国革命事业的无限热忱。

在山西五台县松岩口军区的后方医院,白求恩建立起了群众血库,这对救治伤员发挥了重要的作用。在当时,输血是一项比较先进的技术,只有大城市的少数几家医院才有能力开展,而在野战医疗条件下输血,是人们连想都不敢想的。为了消除人们的顾虑,白求恩首先详细讲述了血型鉴定、储存、运输、保管等基本知识,然后便推出一名胸部受伤的患者,对大家说:"现在,我来操作,你们谁第一个献血?""我来献。"华北军区卫生部副部长叶青山挽起了袖子。不一会儿,殷红的鲜血就从他的体内流入了注射器,然后,被输入患者体内。战地输血在我军野战外科史上取得了成功。消息一传开,附近的百姓纷纷响应,上千人报名献血,很快就组成了一支100多人的献血预备队,

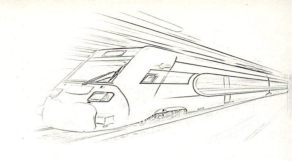

白求恩亲切地称之为"群众血库"。

　　1938年8月,白求恩被聘为"晋察冀军区卫生顾问"。由于伤员都分散在百姓家里,白求恩每天天不亮就出发,挨家挨户地给伤员检查。百姓们看他累得腰酸背痛、眼中布满血丝,都劝他休息,可他总是不肯。在给伤员治疗过程中,白求恩发现许多从前线抬下来的伤员因得不到及时的救治而耽误了治疗时间,甚至丢掉了性命。为了减少牺牲,他一再强调要在离前线尽可能近的地方救治伤员。

　　1938年11月26日,白求恩接到王震旅长的通知,部队即将在广灵公路打一场伏击战,要他立即率领医疗队前往。冬天的雁北狂风呼啸、大雪纷飞,崎岖的山路上到处都是积雪和坚冰。白求恩和医疗队成员在风雪中急行,他们翻过5座大山,按时到达了三五九旅司令部,随后赶往前线。战斗开始以后,伤员们被陆续送来。在这次战斗中,白求恩连续工作了40多小时,总共做了70多台手术。

　　1939年2月,白求恩率领着由18人组成的东征医疗队到冀中前线救治伤员。在一次战斗中,他把手术台设在了离前线不远的一个小庙里。尽管大炮和机关枪在不远处的战场上咆哮,但是白求恩大夫岿然不动,他不顾炮火

威胁,依然在手术室内做手术。就这样,他连续工作了69个小时,为115名伤员做了手术,直至战斗结束。为了保住伤员的性命,白求恩把自己的血输给了战士。在抗日前线,他和八路军战士、乡亲们一样,穿草鞋和粗布衣裳,吃玉米棒子和山药蛋。本着"一切为伤员着想"的原则,白求恩从不顾个人安危,常常废寝忘食地工作。仅仅4个月的时间,医疗队就做了300多台手术,救治了1 000多名伤员,还建立起了流动医院。

1939年10月28日,日军发动了大规模的"冬季扫荡"。在涞源县摩天岭前线,战斗非常激烈,敌人离医疗队所在的村子越来越近。哨兵催促正在做手术的白求恩赶快撤离,可他坚持为最后10名伤员做完手术。为了争夺时间,在为一名战士做手术时,白求恩不慎将手指刺破。当时,他只把手指伸进消毒液中浸泡了一下,不料成为隐患。第二天,他仍坚持为伤员动手术,结果伤口开始发炎。1939年11月1日,他在为另一名危重伤员做手术时,发炎的手指又一次受到了感染。很快,白求恩的病情恶化,转为败血症。1939年11月12日凌晨5点,白求恩大夫因医治无效,不幸以身殉职。临走

前,他平静地说:"请转告毛主席,我相信中国人民一定会获得解放,遗憾的是我不能亲眼看到新中国诞生了……"

1939年11月17日,晋察冀边区党、政、军领导机关和驻地群众为白求恩举行了隆重的葬礼。1939年12月1日,延安各界举行追悼大会。毛泽东得知他牺牲的消息后,非常悲痛,为他题写了悼词。1939年12月21日,毛泽东撰写了《纪念白求恩》一文,高度赞扬了白求恩的共产主义精神和国际主义精神。1940年4月,白求恩墓在河北省唐县军城镇南关村建成了。1952年,白求恩的灵柩被迁入河北省石家庄市华北军区烈士陵园。

中国和加拿大两国建交后,加拿大总理特鲁多计划于1973年访问中国。访华之前,加方就送什么国礼给中方这个问题产生了争论。有人说送一只加拿大特有的麋鹿,有人说送一些农业机械,还有人说送一尊华工的雕像。这时,加拿大外交部的一位官员提出了自己的看法。他说他在法国参加中国驻法大使馆的一个猜谜活动时,遇到过这样一道题目:"全球知名度最高的加拿大人是谁?"很多人都没有猜出来,后来,一个华裔小学

生猜出了正确答案——白求恩。这位官员很是震惊,因为在加拿大,没有多少人知道白求恩。当时的中国使馆工作人员解释:"在中国有8亿人口,至少有6亿人知道白求恩,他当然是全球知名度最高的加拿大人。"于是,特鲁多派人前往白求恩的家乡,得知那里还有他的一些遗物。经过研究,特鲁多决定把这些遗物作为加方送给中方的礼物,并将白求恩的故居建成纪念馆。1972年,加拿大政府追认白求恩为"具有国际影响力的英雄"。

2009年10月,中国国际广播电台、中国人民对外友好协会、中国国家外国专家局共同主办了"中国缘·十大国际友人"网络评选活动,白求恩当之无愧地入选了。

为了中国人民的解放事业和世界反法西斯人民的正义斗争,白求恩献出了自己的宝贵生命,他的身上闪耀着人道主义的光芒。

格雷文赫斯特镇 格雷文赫斯特镇是加拿大安大略省东南部城镇,位于休伦湖东岸,风景优美,被当地人称为"马斯科卡湖的门户"。它是国际主义战士白求恩的故乡。为了纪念白求恩,加拿大政府买下了他居住过的房子,经过全面翻修,恢复其旧貌,建成纪念馆。门前竖立的3块介绍牌上,分别用英语、汉语和法语记录了白求恩的生平。在纪念馆里,可以看到白求恩大夫生前使用过的物品及介绍他生平的纪录片。在格雷文赫斯特镇,还有一条街是以白求恩的名字命名的。

❈ ❈ ❈

我怎能在别人的苦难面前转过脸去。

——[阿根廷]切·格瓦拉

费正清的跨国友谊

有这样一位学者,他是美国乃至世界范围内最负盛名的中国观察员。他是中国近现代史研究领域的泰斗,被称为"头号中国通"。他致力于中国问题研究几十年,绝大部分的著作都是关于中国问题的。他与中国的情缘源于中国最困难的时期,源于与梁思成、林徽因等中国学者的友谊。他就是费正清。

1932年,约翰不远万里从大洋彼岸来到北京,为的是完成自己的博士论文。

那时,约翰25岁,正在牛津大学攻读博士学位,是一位意气风发的年轻学者。因为他研究的是一批清朝海关档案,所以他将自己的学术关注点放在中国。自此,他的一生就与这个遥远的东方国度紧紧地连在一起了。不久

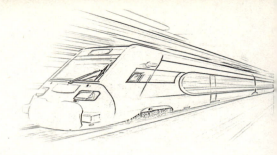

之后,他的未婚妻威尔玛也来到了中国,两人在北京城中的一个四合院内举行了婚礼。新娘毕业于哈佛大学女校,与丈夫一样热爱中国文化,痴迷于中国的艺术和建筑。来到北京后,约翰将大部分时间花在学术活动和汉语学习上,而威尔玛则用自己的画笔勾勒了一幅幅美丽的画卷,将眼中的北京永远地留在了身边。

就在他们忙碌于各自的事业时,他们与另一对同样怀抱学术梦想的中国年轻夫妇不期而遇,这对夫妇就是梁思成与林徽因。这对中国夫妇对约翰和威尔玛生活于其中的美国城市波士顿很熟悉,他们在一起聊历史、文学、建筑,聊美国、中国,似乎有着永远都聊不完的话题。费正清曾回忆道:"我们可以相互为对方打开眼界。我们喜欢吃他们的'便饭',我们也会闲聊北京大学、清华大学里熟人的性格等。"梁思成给这对美国朋友起了可爱的中国名字——费正清、费慰梅。

1934年,梁思成、林徽因为了工作前往山西考察古建筑,而费正清夫妇为了进一步深入了解中国社会、深化学术研究,便与他们一同前往。他们一起生活、一同工作,在艰苦的考察之余,他们苦中作乐。他们在野外,吃的是玉米面饼子和各种咸菜,他们最爱的活动是"骑马"——骑上驴子、坐上马车。后来他们用文字和照片将这段日子记录了下来，制成了一本精美的纪念册，这本纪念册一直由费正清夫妇保存着。梁思成的女儿还亲切地叫费正清夫妇为"费叔""费姨"。山西之行让四个人的心贴得更近了。

1937年，卢沟桥事变爆发了，中日战争全面开始。为了躲避战乱，费正清夫妇回到了美国，而梁思成和林徽因二人的生活则随祖国一起陷入了水深火热之中。虽然费正清夫妇离开了中国，但他们的心依旧牵挂着这片土地，他们依然惦记着生活在这片土地上的友人。

战争开始了，费正清夫妇所牵挂的人过着异常艰辛的生活。梁思成、林徽因携一家老小逃亡南方，最终定居在偏远的小镇李庄，并在那里待了6年。那里的生活条件十分艰苦，梁思成创立的营造学社更是难以为继。战争期间，梁家几度陷入走投无路的境地。此时，能够帮助他们的主要是两个人，那就是远在大洋彼岸的费正清与费慰梅。

费正清夫妇一直尽己所能帮助这对学术伉俪，梁思成曾在给费正清的信中说道："在通货膨胀中，一些外币的确可以让人略有安全感，你们先后寄来的两张支票，简直是天外礼物，如此真挚情谊，我们心存感念，无以言表。如今家徒四壁，徽因病重，两张支票已被收藏起来作为应急之用。"

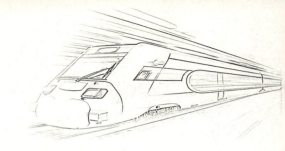

在两对夫妇的所有通信中,李庄时期的信件占据了一半。费正清夫妇收到他们的信件后,便不断地为他们寄送大量的衣服、纸、笔等物资,同时还将美国的《国家地理》《时代周刊》等期刊寄给他们,有时还邮寄一些支票来缓解他们的生活压力。1941年,珍珠港事件爆发,美国对日宣战,中美成了盟国。次年,费正清作为美国政府官员来到中国,处理一系列战争事务。当再次见到阔别已久的老友梁思成时,他百感交集;当来到李庄,看到久病不起的林徽因时,他感慨万千。为了与老友多聚一些时日,他在李庄住了一个星期。看到梁思成、林徽因以及其他的中国学者在走投无路时仍然执着于自己的追求,费正清被震撼了。

费正清对中国的崇敬又一次被激发出来,他觉得自己的思想和灵魂再一次与中国结合在一起了。但在这样特殊的环境下,想要帮助这些学者并不是简单的事。费正清多方奔走、四处求援。1943年,费正清夫妇一面通过私人渠道向中国输送维生素药物,一面将一些实用的物资输送到美国驻昆明领事馆,并秘密分发出去。另外,在费正清的提议下,哈佛燕京学社给6位中国教授每人赞助了1 000美元。他也曾为梁思成申请到1 000美元的资助,这对当时的梁思成和林徽因来说,无疑是雪中送炭。

在为中国学者们申请资助的过程中,费正清更深入地

了解了中国社会,对中国的感情也更深了,这坚定了他研究中国问题的决心。后来,费正清成为研究中国问题的专家。费慰梅在82岁高龄时,仍然试图为老友写一本英文的传记《梁思成传》,试图将他介绍给美国人民。可见,他们对中国怀有深厚的情感。

中国营造学社　中国营造学社于1929年在北平成立,是一个由中国私人兴办的、研究中国古建筑的学术团体。创办人朱启钤。中国营造学社运用文献考证和实地调查的方法,对中国的古建筑进行了调查研究。整理出版过一些古代建筑著作,编印有《中国营造学社汇刊》7卷,1946年停止活动。中国营造学社为中国古代建筑史研究做出了重大贡献。

✵ ✵ ✵

　　仁爱的话、仁爱的诺言,嘴上说起来是容易的,只有在患难的时候,才能看见朋友的真心。

　　　　　　　——[俄]克雷洛夫

让世界听到上海的"声音"

微风拂过,卷起朵朵浪花,黄浦江上涛声阵阵,这是上海的声音。

晨钟敲响,早市喧哗,吆喝声、叫卖声,声声迭起,南京路上车水马龙,这是上海的声音。

喃喃细语,轻声低诉,上海人用方言讲述着上海的故事,这是上海的声音。

他用声音记录上海的发展变迁,不仅展示了上海生活的千姿百态,而且讲述了上海人的动人故事。他就是艺术家罗天瑞。他不是上海人,而是一位菲律宾裔美国人。2011年,罗天瑞出版了第一本用声音记录上海的书,这本书集声音、图像、文字于一体,名为《与上海一起成长》。此书

在意大利艺术展中反响热烈,特别是书中的录音部分,唤起了听众对上海的想象,罗天瑞也因此在艺术界声名鹊起。

一次朋友的聚会上,一位美丽端庄的中国女子深深地吸引了他。不久之后,两人在美国纽约举行了婚礼。然而,2001年,美国"9·11"事件的爆发给他们的生活蒙上了阴霾。"9·11"事件爆发后,美国经济开始衰退,失业人数与日俱增,夫妇俩相继失业,罗天瑞在家待业将近6个月,才找到了一份月薪不高的工作。夫妻二人不得不考虑生计问题。最终,经过再三的思考、衡量,罗天瑞决定尊重妻子的选择,到中国发展。来自江南水乡的妻子从小就喜欢上海,喜欢在上海的外滩漫步,喜欢吃上海的蟹黄汤包,并一直梦想着有朝一日能在上海安家。就这样,罗天瑞选择了上海。

初来乍到,罗天瑞对上海的一切都有些摸不着头脑。为了维持家里的日常开支,他当过英语家教,还在装修公司做过家居设计师。生活虽然忙碌辛苦,但他心里充实快乐,因为他发现自己已经慢慢地喜欢上了上海这座城市。"十里洋场,灯红酒绿"说的虽然是老上海的情景,但是也道出了老上海的繁华。如今的上海是一个国际大都市,各

种文化在这里交汇融合,来自不同国家、有着不同身份的人都可以在这里找到属于自己的生活方式,罗天瑞也是如此。大学时,他主修建筑设计专业,曾经因工作需要自学了有关音响方面的所有课程。这给罗天瑞的发展带来了很大的优势,他一边在大学从事外教工作,一边在业余时间接了很多专业的录音工作。严谨的工作态度和高水平的录音作品让罗天瑞很快就在上海录音圈小有名气了。经过多年的艰苦打拼,罗天瑞的生活也慢慢有了起色。但安逸的生活并没有让他停滞不前。罗天瑞发现身边的一切都悄然变化着。他发现上海就像一个婴儿一样,每天都呈现着不同的面貌。他热爱上海,希望能发挥自己的特长,用声音记录这些为人所忽略的变化,唤醒人们对生活的记忆。

罗天瑞认为声音是一个城市的重要标志、一个城市的灵魂。黄浦江的浪涛声、江上来往船只的汽笛声、街道上的喧嚣声、早晚集市上的叫卖声、弄堂里上海市民的对话声都展现出上海这座城市独特的风土人情,它们有着共通的地域特色,又彼此不同。因此他用那些日夜不断地焕发着生命力的声音来展现上海。

　　为了拓展自己所热爱的事业,罗天瑞不辞辛苦。从2009年起,罗天瑞的足迹几乎遍布了上海的每一个角落。2010年的世博会给上海带来了新的气息,也给罗天瑞带来了一场丰富的声音盛宴。罗天瑞四处奔走,专门寻找施工现场,走进工地里面,录下各种声音。于是,清理垃圾的声音、建筑工人打夯的声音、钢管碰撞的声音、园艺师修剪树木草坪的声音都成为这场盛事的见证者,这些噪声到了罗天瑞的作品里变成了美妙的音乐。听着这些特殊的音乐,人们好像穿越了时空,看到了上海的每一点变化。罗天瑞难掩内心的喜悦,说:"我们看到了上海是怎样改变的,而将来出生的孩子可能无法体会这个过程,但是声音将这些变化永远地记录了下来。听着,然后想象,这种感觉真的太美妙了!"

　　《与上海一起成长》第一季的主要内容就是这些实实在在的声音。接着,罗天瑞又有了新的想法,他想做《与上海一起成长》的第二季。罗天瑞想在第二季里用上海话讲述上海人的成长故事,特别是在20世纪70年代末到20世纪90年代初出生的那些人的故事。这其间出生的孩子们年轻、有活力、有个性,身上有着强烈的时代气息,他们

是随着时代脉搏的跳动而成长的一代。但是要想实现这个想法,并没有那么容易。首先,罗天瑞不懂汉语,更不用说上海话了。其次,很少有人愿意将自己的故事和内心的真实想法公之于众。罗天瑞很苦闷,有些不知所措。终于,在妻子、朋友的帮助和支持下,第二季的《与上海一起成长》录音工作完成了。在制作这个录音作品的过程中,罗天瑞发现,会讲上海话的人越来越少,他对此很担忧。他说:"方言是与一个城市联系最紧密的东西。"

　　录音工作完成后,罗天瑞在意大利举办了一个艺术展览,呈现了在声音中成长的上海与上海人。"虽然我不懂上海话,但我希望上海人不要忘记上海话,因为那是上海独有的东西。"而此次意大利艺术展的成功举办,让更多的外国人从另一个角度领略了上海的魅力。为此,罗天瑞还发起了"与上海一起成长"的活动,呼吁更多的人来关注中国城市的变迁,体会时代的发展。他说:"我热爱上海这个城市,我希望它永远都能保留着自己的特色。我希望自己所做的这些能让世界上更多的人对上海感兴趣,从而试图了解上海,关注上海,关注中国。"

知识链接

世博会 世博会全称"世界博览会",分为专业型和综合型。它是由某一国政府主办、多个国家和地区组织参加的国际性大型展示盛会。第一届世博会于1851年在英国伦敦举办。2010年世博会在中国上海举办,主题为"城市,让生活更美好"。

✤ ✤ ✤

声音能引起人类心灵的共鸣。

——[英]威·柯珀

"我有一颗中国心"

2013年4月28日,陆续有村民来到山东省聊城市阳谷县刘庙村的一个农家小院。他们当中有的人噙着泪花、声音哽咽,不胜悲伤;有的则不断翻看着手中的照片,沉浸在深深的回忆之中……他们为何会这样悲伤呢?

原来,住在这个小院里的老人于当日凌晨不幸辞世了。为了悼念她,村民们自发地来到这里,想要送这位老人最后一程。让人惊讶的是,照片中的逝者竟然不是中国人,而是一位外国人。那么,这位外国人是谁?是什么原因让大家前来向她告别呢?

这位外国人是美国人,名叫牧琳爱,1917年出生于河北省北戴河。早在1902年,牧琳爱的父母便以传教士的身份来到中国,因父亲牧鸿恩在山东聊城负责修建教堂和

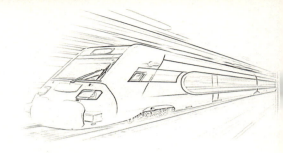

成立教会的工作,她从小就生活在这里。当时的中国还处在一片黑暗之中。在这里度过短暂童年的牧琳爱目睹了中国农村的贫困落后和中国人民所受的深重苦难。1930年,牧鸿恩语重心长地对孩子们说:"中国人民勤劳、善良,可惜就是活得太苦了。希望你们长大以后,能够回到这里来帮帮他们。"牧琳爱把这句话记在了脑海里,一刻也不曾忘怀。当时,年仅13岁的她在心中暗暗发誓,以后一定要回到中国,尽自己所能去帮助那些需要帮助的人。

回美国之后,牧琳爱在美国加利福尼亚圣路易斯城读完了大学,后又于1941年在田纳西州温德堡大学拿到了护理学硕士学位,并在那里结识了自己的丈夫埃德温。当向丈夫吐露自己的心声时,牧琳爱没有得到支持。虽然前往中国的计划暂时被搁置,但是在牧琳爱的心中,自己对中国的那份向往与依恋始终都没有改变。新中国成立、抗美援朝、"文化大革命"、中美建交、改革开放……她通过各种方式默默地关注着中国大地上所发生的这一切,并津津乐道地向丈夫和孩子们介绍中国近些年来的变化。

1998年,牧琳爱的丈夫埃德温在美国去世了。1999年,已经82岁高龄的她不顾儿女的反对,变卖掉自己在美国的别墅、汽车,提着两只大行李箱登上了飞往中国的飞机。为了实现自己在13岁时便在心底种下的那个梦想,

牧琳爱竟等了整整69年。

"我是来这里扎根的,不是来做客的,如果我的到来给你们增加了麻烦,我会愧疚和不安的。"于是,牧琳爱便向中国政府提出请求,要去中国最贫穷的农村。最终,她在山东省聊城市阳谷县刘庙村安了家,而且一住就是14年。在此期间,她热心于慈善事业,为推动当地教育、医疗、环保等事业的发展倾其所有。

牧琳爱特别关心少年儿童的成长和教育。1999年,她受聘成为刘庙村育才小学的名誉校长。通过中国青少年发展基金协会,牧琳爱捐资20多万元为该校配备了电脑,并开设了计算机课。正因为她的倾囊相助,刘庙村的孩子们通过小小的计算机看到了外面精彩的世界。此外,她还主动提出担任学生们的英语教师。于是,这所偏远的乡村学校也有了自己的"外教"。她不但尽职尽责,而且分文不取。牧琳爱还自费订阅了许多教育方面的报纸期刊,并通过电子邮件让美国的亲友帮忙收集教育、教学方面的最新成果,供育才小学参考和借鉴。每年圣诞节,牧琳爱还会赶着毛驴车给孩子们派送糖果、玩具等圣诞礼物,这成为村里一项独特的活动。结束了一天忙碌工作的牧琳爱,每天晚上还要继续在互联网上"泡"好几个小时,向国外的朋友介绍中国近些年来发生的巨大变化,并不辞辛苦

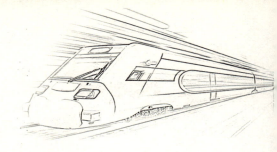

地劝他们前来资助中国落后地区的孩子们。为了感谢牧琳爱,刘庙村育才小学更名为"中美友谊小学"。

同时,牧琳爱还应邀担任聊城市国际和平医院的名誉院长。她过去曾担任美国科罗拉多州丹佛市护士学会主席和儿童医院院长,到中国后,她利用自己的专长经常在当地组织爱心义诊。2001年,牧琳爱为村里百余名患近视眼的村民配了近视眼镜,并出资为5名患白内障的老人做了手术。同年底,她向聊城市国际和平医院捐赠了价值20余万元的电水晶治疗仪,并专门请来研制这种仪器的人员对工作人员进行培训。每到周末,牧琳爱还会赶到医院给医生、护士们讲课,在讲授专业知识的同时,她有时还教他们说英语。

除此之外,牧琳爱也不忘为环境保护贡献出自己的一份力。刚到刘庙村时,村里决定成立一个大型梨枣基地,牧琳爱便为此捐赠了人民币4.1万元。为构建一个美好家园,她每年都会拿出一部分资金帮助当地绿化环境……另外,牧琳爱为村里引进了一种美国优质果树,以帮助村民发家致富。为给聊城市国际和平医院的病人和医护人员创造一个良好的环境,牧琳爱于2006年4月捐资为该院修建了亭子、假山以及鱼池。

牧琳爱十几年如一日的善举赢得了刘庙村及十里八

乡村民们的尊敬和爱戴。只要来到刘庙村，大家都喜欢到她家串门。每逢节假日，乡亲们都会自发地以不同的方式来看望和问候老人。

在中国，牧琳爱做过的好事数不胜数。当谈及在中国的生活时，她说："我不想过奢华的生活，我要用我有限的积蓄和剩余的精力，为中国人做点力所能及的事——做善事能让人生更有意义。"2006年8月，牧琳爱被中国慈善总会评为"中华慈善大使"。

牧琳爱老人曾有一个夙愿，那就是拥有一张"外国人居留证"，因为她要永远留在中国。2009年7月24日，聊城市隆重举行了首张"外国人居留证"颁发仪式，向牧琳爱发放了"外国人居留证"。拿到"外国人居留证"的那一刻，牧琳爱激动地说："我是一个美国人，我有一颗中国心，我爱你们。"

2013年4月28日凌晨，牧琳爱因冠心病导致多脏器功能衰竭而与世长辞，享年96岁。牧琳爱在遗嘱中要求将自己的遗体捐献给济南市一家医疗科研机构，将眼角膜捐献给需要的人。这位美国人用这种方式让自己的爱心在中国大地上延续下去。

为了兑现自己的承诺，耄耋之年的牧琳爱只身一人来到中国，在这片土地上播撒着爱心。她这份超越国界的大

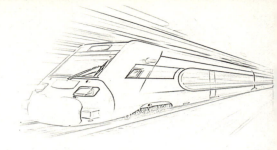

爱,不仅令中国人为之折服,也令世界其他国家人民为之动容。

外国人居留证 外国人居留证是指一国政府准许外国人在本国居留所发的证件。在我国,外国人居留证有效期可签发1~5年,由市、县公安局根据外国人居留的事由确定。另有外国人临时居留证,发给在中国居留不满1年的人员。

✵ ✵ ✵

爱之花开放的地方,生命便能欣欣向荣。

——[荷兰]凡·高

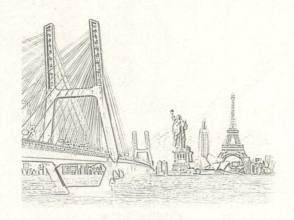

美国教授厦门情

他是第一位在福建省获得永久居住权的外国人,他在厦门度过了20多个春夏秋冬,他见证了厦门20多年来的变化。他有一个梦想,就是让厦门变得更加国际化,让厦门走出中国、走向世界。为此,他亲自演讲、著书,为厦门做宣传。他热爱厦门、热爱厦门人,他愿意将自己的一生托付在这里,直到永远地长眠于此。

他就是美国人威廉·布朗。威廉的中文名字叫潘威廉,朋友们都亲切地称他为老潘。年轻时,潘威廉是一名优秀的空军战士。1977年,他随部队来到中国台湾,驻守在那里。在这期间,他了解了中国人民的生活,了解了中国的文化,他戏称那时最让他魂牵梦绕的是美味的中国菜

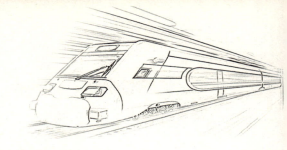

肴。总之,他被中国吸引了。一年后,潘威廉从军队退役,回到美国,开始求学创业。但在他的脑海里,始终有个念头在不停地闪现,那就是再次回到中国。

潘威廉回忆起当时的场景,说:"我拿到了瓦尔登大学的博士学位,专业是管理学,后来在美国第一证券公司当副总裁。当时我的公司运营得还不错,有很多人都知道我,他们后来也知道了我想去中国的想法。我的朋友,甚至我没见过面的客户们都纷纷建议我去厦门。我与厦门的缘分就是从那时开始的。"很多时候,一句随口而出的话都可能改变一个人的命运。两位未曾谋面的客户成了潘威廉与厦门的"媒人"。这两个人分别来自泰国和美国,他们彼此不认识,巧合的是,两个人都在电话里聊业务时,对潘威廉说了同样的话:"你想去中国,那你知道厦门吗?听说是个不错的城市。"这让他很惊讶,难道厦门真的有那么迷人吗?于是,从那一刻开始,他开始关注厦门,开始搜集各种跟厦门有关的资料。潘威廉发现,在20世纪80年代,厦门大学是唯一一所可以接受外国人携带家属的大学,而且厦门大学开设了工商管理硕士课程。对于拥有管理学博士学位的潘威廉来说,这是一个好机会。不久之后,他成功申请了厦门大学工商管理硕士中心的教师职

位,带着妻子和两个儿子来到了他心心念念的中国,来到了厦门。

初到厦门的日子远没有想象中的美好,但是友爱、善良的厦门人留住了潘威廉远归的脚步。潘威廉回忆起过去的日子,笑着说:"20世纪80年代的厦门其实不算一个宜居的地方,老百姓都烧煤度日,空气质量差得很。水电供应也经常出问题,我去图书馆看书都得自带蜡烛,因为随时都有可能停电。当时的政策对外国人有很多限制,想买个大件的东西要办好多手续,我用了很长时间才成功地买了一辆三轮车。"面对艰苦的生活条件,潘威廉曾经也后悔过,自己为了一个单纯的梦想,放弃优越的生活环境来到这里,却连累了妻子和孩子。他也曾想过,自己是不是太冲动了。可每当下决心要回美国时,一想到周围的同事朋友,他就无法离开。"那时候,在中国买东西是要用票的,比如买肉有肉票,买油有油票。可我什么票也没有,手里拿着现金,却没有一点用处,很抓狂。每个人能得到多少票都是有一定限额的,不是有钱想买多少就能买多少的。"潘威廉回忆道,"看到我们生活的窘境,很多中国的老师和邻居都主动把家里的票卖给我们,该是多少钱就是多少钱,不图任何利益。"每逢佳节,同事们还把潘威廉一家

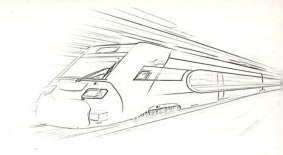

叫到他们的住处,一起过节。

　　厦门人的热情友好、善良真诚一次次打动潘威廉,厦门人对他贴心照顾,这种情谊令他难以割舍。就这样,潘威廉渐渐地与厦门融为一体,他决定要长久地待在这里了。

　　自1988年潘威廉来到中国,他已经在厦门生活了20多年。这20多年来,老百姓的日子一天比一天好,潘威廉的日子也日渐滋润起来。20多个春夏秋冬,厦门早已成了潘威廉的第二故乡,潘威廉也成了外国人在厦门的"生活顾问"。很多刚来到厦门生活的外国人来找他,向他咨询一些生活方面的信息,比如在哪里能买到奶酪,比较好的西餐厅在哪里,等等。一遍又一遍地回答同样的问题,终于有一天,潘威廉"不堪其烦"了。他想,既然有这么多人都需要得到这些方面的信息,索性系统地编成一本小册子,指导他们不就一劳永逸了? 于是,他坐在电脑前,用了8个小时,完成了《外国人厦门生存指南》的编写工作。令人意想不到的是,这个小册子颇受欢迎,厦门大学一下子印了数十本,发给了每一位在厦门大学就职的外籍教师。一传十、十传百,一时间这个小册子在厦门的外国人生活圈中引起了轰动。小册子从构思到成形,仅仅花了8个小时，内容简单，语言也略显粗糙，能受到这样的厚待，潘威廉觉得有些难为情。他想，既然这本小册子能帮到大家，那就重新编写一下。于是，潘威廉在原来小册子的基础上，加入了厦门的历史和文化，重新润色了语言。一年之后，《魅力厦门》问世了。像之前的《外国人厦门生存指南》一样，这本书广受欢迎，首次印刷的500本在两周之内就被抢购一空。

潘威廉发现，创作这些书不仅能帮助外国人在厦门很好地生活，而且能够让他们深入地了解厦门。很多外国人读了这些书之后，便深深地爱上了厦门。慢慢地，他有了一个梦想，就是宣传厦门，弘扬厦门文化，让厦门走向世界。为了实现自己的梦想，潘威廉不辞辛苦，继《魅力厦门》之后，他又创作了《魅力福建》《魅力泉州》《魅力厦大》等一系列著作。为了搜集资料，他购买了大量相关的书籍和文献，久而久之，他竟然成立了自己的私人图书馆。为了使自己的作品内容更加真实、更贴近生活，在写作之余，潘威廉还经常四处走访当地的老百姓。潘威廉的名字在厦门几乎无人不知、无人不晓，潘威廉火起来了。

2002年，国际花园城市大赛在德国的斯图加特举行。作为一名"厦门通""福建通"的潘威廉，主动请缨，要在大

赛中为厦门做主题演讲。潘威廉将厦门的特色与自己在厦门多年的生活经历结合起来,这让他的演讲感动了评委和在座的每一位听众。打动他们的除了厦门优美的自然环境和深厚的历史文化,还有这位外国人与厦门这座城市之间的深厚情谊。

"我知道在厦门的苦日子总有一天会过去,却不知道好日子来得如此之快。厦门现在更加迷人了,空气清新、景色宜人、交通便利,夜色也十分性感。"提起现在的家,潘威廉无比骄傲。多年来,潘威廉喜爱旅行的习惯一直没有改变,他带着妻子和儿子走遍了中国的大江南北,开着车穿越了宁夏、甘肃、西藏。虽然他深深地感叹中国的山河壮丽,但厦门仍然是他的最爱:"我曾经在30多个国家居住过,中国的大部分城市我也走过了,但我最爱的是厦门。美丽的厦门是我的家,我的梦想就是让厦门变成一个更加国际化的城市,为此,我会一直努力。因为我决定在厦门终老,如果没人赶我走的话,我会一辈子生活在厦门;如果可以的话,两辈子也会在这里。"

知识链接

国际花园城市大赛 国际花园城市大赛开始于1997年,在世界城市建设和社区管理领域具有重要的意义,被称为"绿色奥斯卡大赛"。该项竞赛活动由国际花园协会与联合国环境规划署共同主办,从景观改善、遗产管理、公众参与、健康生活方式、环境实践、未来规划6个方面对城市、社区等居住区域的建设、宜居程度进行全面的评估。自大赛举办以来,美国的芝加哥、加拿大的多伦多、南非的约翰内斯堡等城市都入选过国际花园城市,中国的厦门、杭州、泉州、大连、南京等城市也是入选城市。

❋ ❋ ❋

城市外在的美,只能吸引人们的目光;城市内在的美,才能真正留住人心。

——寇伟志

西藏盲童的光明使者

湛蓝的天空、洁白的云朵、清澈的湖水……这里是西藏拉萨,又名"日光城",一座容易让人联想到温暖、光明与希望的城市。在这里住着一位德国人。特殊的是,她是一位盲人,虽然看不到藏域大地上这纯美的一切,但是她有着一双明亮的"眼睛"。凭借着自己灵魂深处发出的强光,她将许多曾经黯淡的生命照亮。她就是西藏盲童的光明使者——萨布瑞亚。

1970年,萨布瑞亚在德国波恩附近的一个小镇上降生。2岁时,年幼的她就被诊断出患有色素性视网膜病变。12岁那年,小萨布瑞亚完全失明,炯炯有神的大眼睛再也无法看到这个美丽的世界。无情的命运虽然熄灭了

她瞳中的光明,但是无法熄灭她心中的希望。怀着坚定的信念和对美好生活的向往,她不仅出色地完成了在德国马巴的盲校,以及美国盲人和弱视力残疾大学的学业,还以惊人的毅力考取了德国波恩大学。在波恩大学学习期间,萨布瑞亚主修藏语和藏学。

在萨布瑞亚的生命中,有一个人对她产生了很大的影响,他就是路易斯·布莱叶。路易斯·布莱叶发明了世界通用的布莱叶盲字。它以6个凸起的圆点作为基本单位,每个圆点都在指尖范围之内。因为布莱叶盲字,包括萨布瑞亚在内的无数盲人的生活被彻底地改变了,这一个个圆点成为他们认识和感知这个世界的心灵之窗。在大学期间,萨布瑞亚了解到藏语在世界范围内还没有盲文。于是,在电脑听音分析器的帮助之下,她借鉴布莱叶盲字创制了藏语盲文。

1997年,即将大学毕业的萨布瑞亚踏上了中国西藏这片神秘的土地。当时的西藏拥有近210万人口,其中约有1万人患有某种视力障碍。她在调研中了解到,当地特殊的自然条件导致许多孩子患有白内障或雪盲。身为盲人的萨布瑞亚非常理解这些孩子的辛酸和苦痛,她希望自

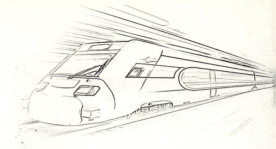

己能够帮助他们重获自尊,过上正常人的生活。经过再三考虑,一个想法开始在她的心中生根发芽,那就是"留在西藏,给雪域高原上的盲童创造受教育的机会"。在此期间,她结识了来西藏旅行的荷兰建筑设计师、日后成为自己丈夫的保罗。当萨布瑞亚把自己想要在西藏创办盲童学校的想法告诉他时,保罗立即表示赞同。

然而,想要在异国他乡创办这样一所盲童学校,其中的艰辛可想而知。起初,为了筹措资金,萨布瑞亚四处碰壁。不过,通过坚持不懈的努力,她的想法得到了多方支持。

1999年,萨布瑞亚和丈夫一起创立了西藏盲童学校,免费对当地盲童进行教育。学校创建之初,招生问题让萨布瑞亚感到很头疼。在西藏,很多家庭都不愿意让别人知道自己的孩子是盲人,所以一开始,学校只有6名学生。于是,这位从德国来的盲女四处奔走,骑马深入西藏各地寻找盲童,把他们带到盲童学校。此外,有的家长认为没有必要把孩子送到学校学习,还有的根本就不相信他们的能力。每当遇到这种情况,萨布瑞亚总会不厌其烦地劝说盲童家长;动员他们让孩子进入学校接受教育。在招生的

过程中,无论遇到多大的困难,一想到自己的梦想,她都会鼓励自己坚定地走下去。她相信,梦想真的能够把无边的黑暗变成一个彩色的世界。

在萨布瑞亚的努力下,学生渐渐多了起来,但他们的年龄差距很大,小的只有4岁,大的已经十七八岁了。为了满足不同年龄段孩子的需求,萨布瑞亚为他们设置了不同的课程:年龄小的孩子从基本的生活技能开始学起,年龄大的孩子则接受诸如音乐、医疗、看护、盲人按摩、手工编织等适合盲人职业的技能培训。不过,这些孩子都要学习汉语、藏语和英语。

为了让孩子们认识并掌握藏族的语言,萨布瑞亚将自己创制的藏语盲文系统地教给他们,并发明了藏盲文打字机,这些孩子也因此"有幸"成为西藏第一批能够阅读藏盲文的人。教室里,孩子们一边噼噼啪啪地敲打着盲文打字机,一边大声朗读着字母和单词。这些小小的圆点对普通人来说也许平常无奇,但对这些孩子而言,是一把把开启通向光明世界的钥匙。孩子们用心地触摸着指尖下的盲文,时而微笑,时而沉思,一个个曾经封闭的心扉就这样悄然打开了。经过一段时间的学习,他们不仅可以读、写,

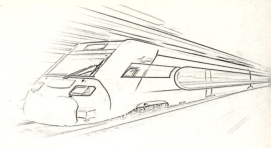

可以使用盲文打字机、盲人电脑,还能熟练地运用汉、藏、英3种语言交流。令人欣喜的是,一些盲童转入常规学校后,成绩非常优异。"我能在黑暗里读书,你能吗?"这是一个孩子发出的骄傲声音。看到他们取得的这些成绩,萨布瑞亚无比欣慰。她知道,是孩子们让自己的梦想得以在西藏这片土地上实现。西藏盲童学校坐落在一座典型的藏式院落,酥油茶的香味与孩子们的笑声交织在一起。

每天,当拉萨的第一缕阳光照耀大地的时候,盲童学校的小小庭院就会洒满阳光。孩子们在光影里奔跑着、跳跃着,仿佛一个个自由的精灵。阳光投射在他们身上,那一张张小脸洋溢着幸福的光芒。萨布瑞亚轻快地上下楼梯,穿梭于各个房间,有如清晨的阳光充满生命力。虽然看不到眼前的一切,但是孩子们的笑声早已将她深深感染,而这也正是她无怨无悔在这里追梦的根源。虽然孩子们并不知道萨布瑞亚的模样,但是他们能感受到光明和爱。

如今,萨布瑞亚的学校已经培养了许多盲童。从这里毕业的孩子,有的开了自己的按摩诊所,有的做了翻译,还有的已经开始在盲童学校从事教育工作。萨布瑞亚表示,

自己现在最重要的工作就是培训当地盲童,她希望学校最终能够由西藏盲童接管。

由于萨布瑞亚为西藏盲童的教育和康复事业做出了巨大贡献,2000年,她获得德国政府授予该国公民的最高荣誉——金鹿奖;2005年,她获得诺贝尔和平奖提名;2006年,她荣获由中国政府颁发的"国际友谊奖";2009年,她站在《感动中国》的颁奖台上。当谈到在追求梦想的过程中自己发生的改变时,这位西藏盲童的光明使者由衷地表示:"这些孩子让我意识到人可以弥补严重的残疾,可以学会如何应对身体的缺陷。也许有一天他们终会克服这些缺陷,残疾不再是生活的障碍,这让我感到幸福。世界上所有人都应该学习这种精神。"

为给西藏盲童带去光明,这位来自德国的女孩来到异国他乡的雪域高原,用自己的青春、爱和梦想照亮孩子们前进的路。她看不到世界,可偏要给盲人开创一个新的天地。她从地球的另一边来,为一群不相识的孩子而来,她带来了光明和希望。

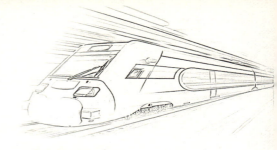

路易斯·布莱叶 路易斯·布莱叶是现今世界通用的盲人及视觉障碍者使用的文字系统布莱叶盲字的发明者。他发明的布莱叶盲字由6个圆点组成,通过不同的位置排列,可表示出26个拉丁字母。布莱叶盲字的重要价值直到1868年才开始逐渐被人们认识。1879年,在德国柏林举行的国际盲人教师代表大会上,与会者决定采用布莱叶盲字进行教学。1887年,布莱叶盲字得到国际上的公认。现在,布莱叶盲字已经适用于多种语言,成为全世界视觉障碍者书面沟通的主要方式。

※ ※ ※

只要朝着阳光,便不会看见阴影。

——[美]海伦·凯勒

"我是一个中国人"

他自称是"华籍美人",从大洋彼岸来到异国他乡,与中国人民同舟共济、并肩前行,在这片古老的东方大地上书写着自己的别样人生;他爱上了一位美丽的中国女子,与她喜结良缘,在风雨中生死与共、相濡以沫;他被中国文化深深吸引,他将众多脍炙人口的文学作品翻译成英文,使世界人民得以触摸到一个真实的中国。

他就是著名翻译家沙博理。

1915年12月23日,沙博理出生于美国纽约的一个犹太人家庭,其中文名取"博学明理"之意。

第二次世界大战期间,他加入美国陆军,成为一名高射炮士兵。由于时局的需要,美国决定培养一批军人学习

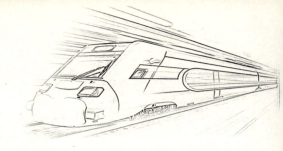

世界主要国家的语言,沙博理被选派学汉语。退伍后,他利用退伍津贴进入哥伦比亚大学继续学习汉语和中国的历史文化,后来转至耶鲁大学继续深造。1947年4月,带着对东方神秘国度的无限向往,沙博理怀揣着几百美元的积蓄远渡重洋,只身一人来到了上海。然而,他怎么都不会想到,自己从此与中国结下了不解之缘,一待就是几十年。

在这里,沙博理遇到了改变他一生的女人,那就是他的妻子凤子——上海著名演员和作家。在她的帮助下,沙博理的汉语有了很大进步。或许是爱情的需求,或许是时代的需求,沙博理决定留在中国。他坦言:"我爱上了凤凰,也爱上了中国龙。"一年后,沙博理和凤子步入了婚姻的殿堂。受妻子的影响,沙博理开始投入中国革命的洪流之中。他利用自己的合法身份掩护被国民党搜捕的进步人士,为共产党地下组织提供接头场所,并帮助其运送药品到解放区。虽然做这些事要冒很大的风险,但是他没有丝毫胆怯。沙博理说:"我在美国虽然没有加入共产党,但参加过反法西斯斗争。来到中国,看到中国共产党是进步力量的代表,我敬重他们,希望为他们做一点事。"

　　1949年1月31日北平解放时,沙博理骑着自行车到西直门迎接人民解放军入城。1949年10月1日,他和妻子应邀在天安门东侧的观礼台上见证开国大典的庄严时刻。当毛主席在天安门城楼上宣布中华人民共和国成立的那一刻,沙博理在人海中感受到了兴奋与激动。

　　新中国成立后,由于一次偶然的机会,沙博理开始从事文学翻译工作。1951年,国家对外文化联络局让他将一些书和小册子译成英文。《新儿女英雄传》《家》《春蚕》《李有才板话》《保卫延安》《创业史》《林海雪原》《月牙》《小城春秋》《孙犁小说选》《我的父亲邓小平》……从1956年出版第一本译作开始,几十年来,沙博理一直笔耕不辍,翻译了20多部中国现当代著名文学作品,使中国文化在国外得到传播。

　　在沙博理诸多译作中,最有名的也是他本人最钟爱的作品是《水浒传》。沙博理说:"我最喜欢的是《水浒传》。它是一部非常有意思的作品,里面反映的是人生百态,是一本令人百看不厌的作品。"他于1967年开始翻译《水浒传》,直到1975年才全部完成。这部他耗费了巨大精力才完成的译作被认为是"信、达、雅"兼具的绝妙作品。译作

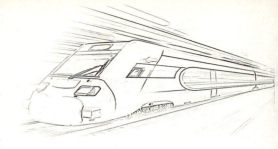

出版后,有人将它拿来与美国女作家赛珍珠的译作相比较,沙博理的译本赢得了更多的赞誉。美国汉学家在《威尔逊季刊》上做出了这样的评价:"旧译本只是将《水浒传》部分地带给了西方,而沙博理的成就要比原来的译本优秀三倍。"更有人说:"读沙版的《水浒传》,犹如品尝景阳冈上的'透瓶香',一开酒坛便芳香绕梁,经久不散。沙博理在中国文学翻译史上留下的,恐怕是一座无人能超越的里程碑。"

和中国文学结缘,不仅加深了沙博理对中国的喜爱,还让他把这种爱播撒到世界各地。"我觉得任何一个国家的普通人,只要他们像我一样认识中国人,就不能不喜爱他们并敬佩他们。文学或许就是最好的媒介了"。沙博理的译作在中西方文化之间架起了一座桥,使不同肤色、不同信仰的人通过这座桥看到了中国风景,读到了中国故事。沙博理曾经写下这样一段文字:"翻译中国文学是我的职业,也是我的乐趣。它使我有机会去'认识'更多的中国人,到更多的地方去'旅行',比我几辈子可能做到的还要多。"

沙博理目睹过旧中国的贫穷落后,也见证了新中国的成立；看到身边的同事们为新的事业忘我地工作，他感觉到中国正以矫健的步伐一步步地向前迈进。他说："我一生中第一次感觉到成就感。我不仅仅需要个人的进步，还想成为这个生机勃勃的社会的一分子，和中国一同进步。"沙博理明白，自己最想要的那种生活就在中国，这里有他的家、他的亲人和朋友。于是，他打消回美国的念头，决定永久地留在中国。1963年，经国务院总理周恩来的批准，沙博理加入中国国籍，成为中国公民和第一批加入中国国籍的外国专家。从那以后，沙博理更加热情地向世界介绍中国文化，介绍新中国的巨大变化。

除了翻译中国的文学作品，沙博理还撰写了不少研究中国的专著。1979年，美国出版了他的一本书《一个美国人在中国》，这是在美国出版的第一本由中国公民所写的赞美新中国的书。在这本书中，沙博理向国际友人介绍了自己眼中的一个崭新而又真实的中国。20年后，他又将这几十年积累的影像资料补充进去，写成了《我的中国》。为了更加吸引读者的眼球，这本书在美国发行时更名为《我选择了中国》。

由于夫人凤子的关系，沙博理还参演过3部电影。从

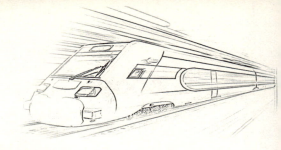

《停战以后》到《长空雄鹰》再到《西安事变》,他饰演的美国空军将领、谈判调停人等角色至今还被一些出生在20世纪四五十年代的人深深铭记。不论是表演还是翻译,沙博理都在其中倾注了自己对中国的深厚情感。当然,这些活动也进一步加深了他对中国的了解和热爱。

他非常关心中国的发展,时常到各地考察,用脚步见证中国发生的巨大变化,并提出了许多富有建设性的提案。

2010年12月3日,沙博理和许渊冲、李士俊等5位著名翻译家获得了"中国翻译文化终身成就奖"。该奖项是由中国翻译协会于2006年设立的,是为表彰翻译家个人的最高荣誉奖项。此前,只有季羡林和杨宪益两位翻译界泰斗获此殊荣。

2011年4月,沙博理获得了由凤凰卫视联合海内外十余家知名华文媒体和机构共同评选的"世界因你而美丽——影响世界华人盛典(2010~2011)"的最受瞩目奖项——影响世界华人终身成就奖。这是该盛典举办4届以来,首次将奖项颁发给美裔中国籍人士。此前获得过这一奖项的有诺贝尔奖获得者杨振宁,"杂交水稻之父"袁隆

平,科学巨人钱学森和当代文豪、武侠巨匠金庸。颁奖典礼在北京大学百周年纪念讲堂举行,当96岁高龄的沙博理步入典礼现场时,全场观众起立鼓掌致意。在致辞中,他激动地说:"这个奖对我来说,是一个很大的荣耀。它也表现了全世界的人民多么佩服中国和佩服中国的人民……亲爱的朋友、同志,我对你们保证,只要我还活着,我一定要担得起自己的责任,要高兴地喊出:'我是一个中国人。'"

从1947年来到中国,沙博理已经在中国走过了60多个春秋。他亲历了中国的变迁,把一生的激情都奉献给了中国。沙博理坦言,自己对中国的认识一直在发生着变化,从刚刚来到中国时的懵懂到逐渐融入中国文化和生活,随着对中国文化的逐步了解,沙博理对中国的感情也越来越深了。由于沙博理大部分的人生都是在中国度过的,人们通常把他与爱泼斯坦、陈必娣并列,称他们是"陪伴中国人民走过半个多世纪的外国朋友"。

60多年前,他从大洋彼岸而来,在中国扎下了根。沙博理说:"中国就是我的家,我的根已深深地扎在了这里,我是一个中国人。"

知识链接

世界因你而美丽——影响世界华人盛典　此盛典由凤凰卫视及凤凰新媒体策划,是中国新闻社、南方报业集团、新浪网等10余家富有影响力的华文媒体和机构共同主办的华人年度盛事。它设立于2006年,至今已成功举办过7届。2011年,该奖项打破了以往的惯例,把"影响世界华人终身成就奖"颁给了没有华人血统、但与中华民族有着亲密关系的美裔中国籍著名翻译家沙博理先生,从而延伸了华人的内涵。

❋ ❋ ❋

博学之,审问之,慎思之,明辨之,笃行之。

——《礼记·中庸》

守护长城的英国志愿者

"我在地图上看到了中国,长城就横亘于中国的北部,它太美了。在地图上我看到长城的起点和终点,我梦想着有一天能骑着自行车,从一头来到另一头。"1967年,年仅11岁的威廉·林赛第一次在地图上看到了长城。当时的他无论如何都不会想到,自己以后竟会与长城结下一生的情缘。

威廉,1956年10月出生于英国利物浦。上中学时,一位老师对他们说:"每个人的床头应该放三种书:祈祷书、《圣经》和地图册。"对祈祷书和《圣经》丝毫不感兴趣的小威廉便找来一本《牛津学生世界地图集》,兴致勃勃地翻看起来。透过小小的地图册,他看到了利物浦以外的天

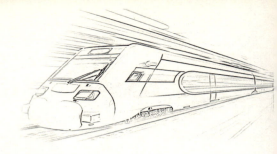

地,看到了英伦三岛,也看到了东方大地上遥远的中国……一天,当威廉又在仔细地翻看地图时,一条锯齿状的线段和旁边标注着的"the Great Wall"(长城)几个单词映入他的眼帘。那一刻,他感觉到自己心里的某个地方被触动了,直觉告诉他,长城就是自己以后一定要去的地方。

受到哥哥的影响,威廉从小就喜欢跑马拉松。1985年,他和哥哥沿着横穿英格兰北部的哈德良长城跑马拉松,用 11 个小时跑完了全程。哥哥边跑边对威廉说,哈德良长城仅有 100 多千米,中国的长城却有数万千米。如果能够沿着中国的长城跑,那才算是真正的长跑。哥哥没有想到的是,自己随口说出的一句话,不但重燃了弟弟对长城的向往之情,也改变了弟弟的人生轨迹。听完哥哥的一席话,威廉下定决心要到中国去,沿着长城跑。

于是,威廉开始为实现"跑长城"的梦想做准备。不管天气多么糟糕,他每天都坚持跑 15 千米到 20 千米。与此同时,他还开始学习摄影。1986 年,他意识到自己应该学点汉语,就跑到利物浦唐人街的一家餐馆,在服务员的帮助下,学会了一句"你好,我是英国人威廉。"

1986 年,威廉果断地辞去工作,不远万里来到中国。由于天气炎热、水土不服,本打算从山海关出发一路向西奔跑的威廉没跑多久就腹泻不止,只好暂时返回英国。虽然首次尝试以失败告终,但威廉没有放弃,在家仅仅休整了半年就再次踏上中国的土地。在沿长城奔跑的期间,威廉才渐渐发现,没有通行证对自己这个显眼的外国人而言,是一个极大的挑战。当时,长城沿线的有些地区不对外国人开放,外国人需持有关部门开具的通行证才能通过。威廉不想因此再次打道回府。虽然处处小心谨慎,但还是没能逃出当地人的视线。途中,威廉曾先后9次被公安机关抓住,也曾被限期离境。尽管如此,他依然没有放弃当初的梦想。春去冬来,花开花谢,威廉终于从嘉峪关跑到了山海关。当然,这一路有苦也有甜。由于威廉只带了简单的行装,因而每到一个地方,他都要寄宿在当地农民的家中。农民纯朴友善、热情好客给威廉留下了美好的印象。他发自肺腑地说:"长城的伟大与壮美震撼了我的灵魂,同样感动我的是中国人民的友善和真诚。"1989年,跑完长城的威廉将途中的所见所闻写成了一本书,叫《独步长城》。在书中,他倾注了自己对中国、对长城和对生命的真挚的爱。

1987年,威廉对长城进行了实地探访,这让他更加热爱中国和长城。他暗暗发誓:"我要把我的未来献给长

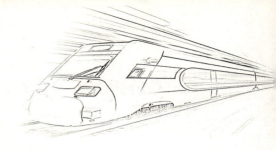

城。"威廉没有想到,那一次长城之旅让他彻底地留在了中国,他娶了一个中国妻子,后来还有了两个可爱的儿子。此后,每逢周末,他都会骑着山地车,不辞辛苦地前去考察和探访他魂牵梦绕的地方——长城。

一次,威廉用相机给巍峨蜿蜒的长城拍照时,发现了许多醒目的黄点。仔细一看,竟然是一个个丢弃的胶卷盒。看到这些垃圾,威廉感到无比痛心。他决定用自己的行动来守护长城。从此以后,登长城的游客总能看到一个外国人在这里捡垃圾。

然而,光凭威廉一个人的力量来守护长城是远远不够的。1998年前后是他最为沮丧的一段日子,因为在守护长城方面,他感到孤立无援。这一年的4月18日,在北京长城饭店的资助下,威廉带领120多位来自世界各地的志愿者组织了一次声势浩大的"我美化了长城"活动,一起在金山岭长城捡拾垃圾。他们艰难地行进在人迹罕至的乱石、荆棘和杂草间,甚至爬下十几米高的悬崖,将一个个发出臭味的玻璃瓶和变质的食物从树丛中捡出来。仅在金山岭和司马台长城之间,他们就捡了150多袋垃圾。

1999年,威廉在北京怀柔区雁栖镇通往长城的小路上竖起了10块中英文双语告示牌,上面写着"除了照片,什么都不要带走;除了脚印,什么都不要留下"。2000年,他开始对怀柔一段8千米长的野长城进行保护,并成立了长城环保站,让6名当地村民作为环保员,定期到长城上捡拾垃圾。

威廉还四处宣传、演讲,动员更多的人参与守护长城的工作。2001年,他在香港注册成立了长城国际之友协会,旨在协助中国文物保护机构,保护长城古朴的历史风貌。威廉亲自担任该协会会长。守护长城成了他要用一辈子去完成的事业。"不到长城非好汉",毛泽东于1935年在长征路上为激励红军写下的这句诗,被威廉活学活用为"不爱长城非好汉"。这句话后来也成为长城国际之友协会的宣传口号。

在他的奔走游说下,长城国际之友协会不断发展壮大,目前已拥有来自中国、德国、澳大利亚、日本等国的50多名正式会员,赴长城捡拾垃圾的志愿者已达上千人次。2004年,该协会得到了来自各方的资助,各个项目都顺利开展。威廉说,在守护长城的时候,他从未想过自己是一个外国人。

2007年,长城国际之友协会与长城保护专家及相关部门联合举办了协会有史以来最大的活动——"万里长

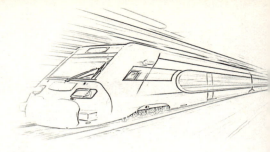

城,百年回望"图片展。72套新老照片的对比,向人们展示了长城在过去的100多年里历经的变化。

在20多年的时间里,威廉在长城上活动过1 200多天,因而被新华社称为"探索长城最成功的外国友人"。1998年,中国政府授予威廉"外国专家友谊奖"的称号。2006年7月12日,因为长期致力于长城的保护以及中英文化的交流,威廉在白金汉宫被英国女王伊丽莎白二世授予英国皇家最高荣誉"帝国勋章"。威廉表示,中国长城是全人类的文化遗产,身为英国人,能够受到中英两个国家的褒奖,他感到很满足。令威廉同样自豪的是,他的妻子是他守护长城的得力助手。两个儿子吉米和托米,都成了长城的环卫者。

这位自称是"洋红军"的外国人,用自己对长城的那份深沉的爱,开始了守护长城的"万里长征"。威廉说:"长城充满了无穷的魅力,对它的爱,我一生也不会停止;长城急需人类保护,毕其一生也有所值。长城很长,保护长城的路可能会更长。我会尽全力鼓励更多的人参与我们的事业。在有生之年,为了长城,我会和妻子、孩子们留在中国。"

知识链接

哈德良长城 哈德良长城是由石头和泥土构成的,由罗马帝国君主哈德良于公元122年下令修建的。公元43年,罗马军队入侵不列颠,但仅占领了英格兰地区,难以向北推进。为巩固罗马在英国的统治,哈德良遂下令在此修建一道永久性屏障。该长城从英国东海岸泰恩河口一直绵延至西海岸的索尔威湾,全长约135千米,它的建立标志着罗马帝国在不列颠岛扩张的终止。1987年,哈德良长城被联合国教育科学文化组织列为世界文化遗产。进入新世纪以后,哈德良长城附近的一些学校纷纷与中国长城附近的学校建立起联系,希望以两条长城为纽带,让两国青少年对彼此有更多的了解和认识。

❖ ❖ ❖

上天赋予的生命,就是要为人类的繁荣、和平和幸福而奉献。

——[日本]松下幸之助

胡同里的洋老板

　　在这里,你会看到随意摆放着的痰盂、搪瓷杯、脸盆架、旧式小暖瓶、老式铁皮玩具、小朋友骑的小三轮车……在这里所呈现出来的中国特定年代的典型元素让人倍感温暖、亲切。这究竟是哪里呢?

　　原来,这是一家创意小店,名叫"创可贴8",坐落于北京市南锣鼓巷61号。这家中国味儿十足的店铺的经营者来自英国,他的中文名叫江森海。是什么原因让他在北京的一条胡同里开起了这家店呢?

　　这得从他的个人经历说起。江森海出身于英国东南部的贵族家庭,从小就在自家庄园里过着优越的生活。然而,他不喜欢生活在那种地方,因为那里规矩多,要时刻注意自己的身份。于是,高中毕业后,江森海便开始环游世

界。他先是在非洲待了1年,随后又去了南美洲和印度。1993年,19岁的江森海来到中国。从此,他的命运彻底改变了。

到北京后,江森海的钱花光了,没办法回英国去,就开始找工作。于是,他开始学习北京话,跟身边的人交流,慢慢地走进北京人的日常生活。在热情好客的北京人的帮助下,江森海游历了长城、鼓楼、天坛、圆明园、颐和园,走遍了北京的大小胡同,喜欢上了爆肚、炒肝、卤煮的味道,适应了在大杂院里吃饭、喝酒、聊天、唱歌的生活。他发现自己不仅爱上了神秘、古老的中国,而且爱上了充满历史和文化韵味的胡同。为此,江森海决定在北京扎根,要成为这里的一分子,并要让世界上更多的人了解中国文化。

为了实现在北京生活的愿望,江森海决定在这里自主创业。他曾卖过鞋、做过网站、开过酒吧和咖啡馆,但都没有成功。后来,他又开了一家市场调查公司,但也因为经营管理不善而倒闭。转眼间,7年过去了,创业屡屡失败的经历让身在异国他乡的江森海受到了不小的打击。然而,江森海并没有打消留在北京生活的念头。于是,深深眷恋着胡同生活的他,又在南锣鼓巷的一个四合院里安了家。

决定再次创业的江森海对接下来要做什么,已经有了初步的想法——把中国文化的特色元素与商品的创意融

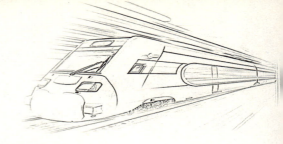

合在一起。之前的环球旅行让江森海发现很多地方都有代表自己地域特色的文化衫,可类似的文化衫在当时的北京并不多见。就在此时,他看到四合院的一个康阿姨正要扔掉一个暖瓶,这让江森海产生了灵感。他把暖瓶上的图案改成梅花印在 T 恤上出售,没想到这 T 恤竟卖得很好。就这样,江森海把中国人熟知的、极具中国特色的元素印在 T 恤上,以唤起人们对过去岁月的美好回忆,也让国外朋友能认识中国的文化元素。于是,江森海决定开一家自己的创意小店。

　　他拿出了自己的所有积蓄,又向中国朋友借了一些钱,在南锣鼓巷租了一间 13 平方米的店面。经过一段时间的筹备,2006 年,江森海的"创可贴 8"小店终于开业了。刚开始,生意并不像江森海想象的那么好,有时一天只能卖出两件 T 恤。当经营状况有所改善后,江森海就把更多的精力放到了 T 恤的设计上。在这个英国人的眼中,他深爱的北京城充满了符号。每天,他都以外国人的独特视角观察着北京。8 两粮票、金鱼洗涤灵、北京 2 号线地铁票、卡拉 OK 前闪烁的霓虹标牌、办证、收药、发票、宫保鸡丁等一些在许多中国人看来平淡无奇的元素,都被江森海视为创作的源泉和灵感。为了寻找灵感,这位洋老板经常去胡同里溜达,也会去旧货市场淘宝。江森海说:"我所选

取的元素和图案都是我喜欢的,代表着我眼中美好的北京。"

"创可贴8"刚开张时,顾客几乎全都是外国人。为了让更多的人知道"创可贴8",江森海想了不少妙招,通过各种方式进行宣传。他打算把自己的创意T恤和南锣鼓巷的文化底蕴结合起来,办一场胡同时装秀。在江森海的努力下,这一想法最终得以实现。2007年,他成功地举办了北京胡同里的第一场时装秀,也因此成为南锣鼓巷的名人。后来,江森海受邀成为南锣鼓巷街道商会的会员。此外,他还和居委会的成员合作成立了"创可贴8"秧歌队,让他们身穿"创可贴8"的创意T恤在胡同里为大家扭秧歌。慢慢地,小店的名声越来越响,引起了媒体和公众的关注。在接受《鲁豫有约》节目的采访时,他特地穿上印有自己手机号码的"收药"字样的创意T恤,并让主持人鲁豫现场穿上了印有"宫保鸡丁"字样的T恤。现在,江森海的客户构成比例发生了变化:大部分是中国人,只有40%是外国人。对在北京生活了多年、对北京怀有深厚感情的江森海来说,他更希望顾客们把"创可贴8"看作北京本土的创意品牌。

近些年来,北京市政府加大了对南锣鼓巷开发和保护的力度。随着这里游客的增多,"创可贴8"的人气也越来越旺。于是,江森海决定扩大经营规模,大幅增加创意T恤

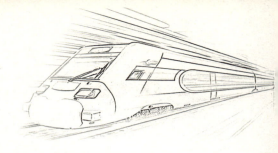

的产量。然而,让他没有料到的是,资金周转出现了问题,小店欠加工厂100多万元,这让他陷入了破产的边缘。幸运的是,因为江森海有着良好的商业信誉和口碑,工厂老板同意让他在生意好转后,再慢慢偿还欠款。经过半年多的艰苦努力,江森海终于渡过了难关。

店里的各种独具特色的怀旧元素让许多中国人重温了特定年代的中国魅力,让父辈口中的模糊记忆变得鲜活起来。不仅如此,小店里的创意T恤还是新时代的产物,这些创意十足的图案看似古怪,却为中国元素注入了新活力,让许多外国人领略到今日中国的勃勃生机。

2008年是江森海人生最辉煌的一年。这一年11月,他应邀参加"2008年度英国商业大奖"的评选。令江森海没有想到的是,自己的小企业竟能打败众多跨国大企业,并荣获"年度企业家奖"。英国安德鲁王子亲自为他颁了奖,那一刻令江森海终生难忘。

"创可贴8"是南锣鼓巷的第一家创意店。在它的带动之下,短短几年间,这条胡同就先后出现了100多家特色小店。

如今,走在南锣鼓巷的胡同里,那份惬意、那份自在是江森海以前所不曾想到的。他在北京终于有了自己的家。他说:"我在大杂院里住了8年。你想象不出我在北京的

生活有多么美好,孩子吃百家饭,周围有这么好的邻居,有自己的小店,有胡同文化。我就喜欢这种人与人之间互相熟悉和互相关心的感觉。"

南锣鼓巷 南锣鼓巷北起鼓楼东大街,南到地安门东大街,全长768米,宽8米,与元大都同期建成,是北京保存的较为完整的四合院区,充满了浓厚的人文气息。从21世纪开始,许多酒吧和创意小店相继在南锣鼓巷出现,让时尚与传统的元素在这里得到了完美的结合,吸引了一批又一批中外游客在此驻足。

✲ ✲ ✲

知识经济的核心是创意经济。

——[美]比尔·盖茨

"日本兵"的中国演艺之路

如果有人被问道:"你听说过一个叫矢野浩二的日本人吗?"人们大多会回答:"好像没有听说过。"但是,如果把他的照片摆在你面前,你可能会毫不犹豫地说出他饰演过的角色,如新版《小兵张嘎》里的斋藤、《走向共和》里的明治天皇、《铁道游击队》里的冈村。你可能还会补充一句:"这不就是那个电视剧中的'日本鬼子'吗?"没错,他就是被称为"鬼子专业户"的日本籍演员矢野浩二。

1973年,伴随着一声响亮的啼哭,日本大阪的矢野家又迎来了一个新生命。这个可爱的小男孩排行老四,3个姐姐和慈爱的母亲都对他疼爱有加,唯独父亲对他总是横眉竖眼，管教甚严。到了青春叛逆期，矢野浩二再也无法忍受父亲严厉的管教了，一直盘算着找机会离开家，去过自由的生活。于是，高中毕业后，矢野浩二就想着出去工作，养活自己。矢野浩二的第一份工作是酒吧的调酒师。一次，一位朋友边喝酒边说："矢野浩二，你在这小地方待着能有什么出息，一辈子做调酒师吗？你看你这么好的条件，就应该去当演员。听哥们的，去东京闯闯吧！"矢野浩二当时没有当真，只当是朋友喝多了，说胡话。可晚上回到家后，矢野浩二对着镜子打量自己，左看看、右看看，发现自己还真是面部棱角分明，身材挺拔匀称，难怪朋友们经常打趣，说自己是"木村拓哉"呢。朋友无意间的一句话在矢野浩二心中慢慢地生了根、发了芽。他决定放弃调酒师的工作，去东京闯一闯。

到东京后，矢野浩二费尽周折，终于进入东京太阳音乐公司。虽然也算是进了娱乐圈，但是真正的表演机会少之又少。他演过警察、不良少年、街头混混，无论角色大小，他都认真对待。就算演一个死人，倒地之前，也要仔细研究角色的神态和表情特征，用他自己的话说："就算是'死'，也要'死'得逼真，'死'得精彩。"那段日子对矢野浩

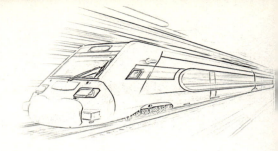

二来说是艰难的,演出机会很少,生活开销却很大。矢野浩二说:"那时候,公司给我的房子只够我睡觉用,没有厨房、厕所。我每月的工资是3万日元(约合人民币2 000元),可是以前的每月工资平均为20万日元。每天晚上睡觉的时候,我都会开心地告诉自己:'今天你生存下来了。'而每天早上一睁眼,我要问自己的就是:'今天你能活下去吗?'"回忆起东京的那段日子,矢野浩二感慨万千。

或许命运注定了矢野浩二要与中国联系在一起。一次偶然的机会,矢野浩二来到了中国《永恒恋人》剧组。那时,他对中国的了解仅限于动画片《大闹天宫》。他虽不了解中国,但那次短暂的工作经历给他留下了一个美好的回忆。矢野浩二考虑再三,为了寻求更适合自己的生活环境,为了实现自己当演员的梦想,他做出了一个重要的决定——到中国发展。

2001年,矢野浩二登上了飞往北京的航班。在飞机上,他一次次地打开钱包,查看里面的银行卡,确认银行卡还躺在钱包的那个小格子里后,他才安心地、小心翼翼地合上钱包。这可是矢野浩二的全部家当,共有人民币6万元。下了飞机,他深吸了一口气,望着北京的天空,显得既

紧张、兴奋又有些不安。初到中国的日子不好过,这是他早就料到的。但他想要成为强者,就要做生活中的不倒翁。于是,矢野浩二到北京语言大学学习汉语,下课后他直接回家,复习课本知识,看电视学习日常用语。北京的生活虽然很辛苦,但他周围的中国朋友都很友善、很亲切,对他关心备至,这成为支撑矢野浩二走下去的动力,他决定做一个"洋北漂"。

　　机会总是垂青有准备的人。8个月后,矢野浩二终于等来了演艺事业的春天。他的一位摄影师朋友当时是电视剧《走向共和》剧组的摄像师,剧组恰好需要一位日本演员来演"明治天皇",他便邀请矢野浩二前来试镜。矢野浩二怀着忐忑的心情来到剧组。当他走进摄影棚时,导演就不由自主地喊道:"就是这个天皇。"矢野浩二抓住了这个机遇,仔细研习历史,揣摩人物性格,演出了明治天皇的睿智和威严,为影片增添了真实感和厚重感。矢野浩二的成功出演引起了日本媒体的关注。一次,一位日本记者问他:"请问您是抱着什么样的信念或者是出于怎样的心理来出演天皇的?"矢野浩二坚定地说:"为中日友好关系搭建桥梁。"

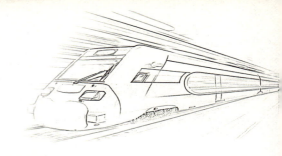

  继《走向共和》之后,又一部巨作给他的职业生涯添上了浓墨重彩的一笔,那就是《记忆的证明》。在这部电视剧中,矢野浩二一人分饰两角——二战时期的两位日本军官冈田和青木洋平。演戏的过程也是学习历史的过程。当他读到抗日战争的历史时,他不敢相信这是真实的。而当他在照片上看到日军的残暴行为时,他惊呆了,紧闭双唇,表情凝滞。他双手握着那些照片,不知道该何去何从。这是真的吗?为什么自己从来都没听说过?矢野浩二内心纠结而挣扎。作为一名有良知的日本人,他选择了正视真实的历史。对中国,他无比歉疚,对日本政府强横无理的态度深感失望。矢野浩二把握了二战过程中日本军官复杂的心理世界,他塑造的日本军官一改以前纯粹的残暴恶毒形象,而赋之以有血有肉、有丰富的情感,赢得了导演的好评和观众的认可。

  许多影迷喜欢矢野浩二,不仅因为他拥有精湛的演技和敬业精神,而且因为他敢于直面那场惨绝人寰的战争,勇于表达自己追求和平的勇气。他曾严肃地说:"我想,世界上的多数人都对和平有强烈的渴望,但是少数日本人采取了扭曲事实的态度来表达这种渴望,对此,我为我的国家感到很惭愧。日本的个别领导人总是强调'个人的精神问题',但是我希望,他们在采取任何行动时,都应当具备更高的理想,那就是努力寻求全世界的和平。"

成名之后,很多拍摄抗日题材的影视剧组都邀请矢野浩二出演剧中的"日本鬼子",久而久之,观众给他起了一个外号——"鬼子专业户"。但是,矢野浩二名气越来越大却引起了日本右翼激进分子的仇视。这些人威胁他:"你以后不用回日本了。"一次,矢野浩二回家探亲,走到家门口,刚要拿出钥匙开门,就听到背后传来一声:"给我上!打他这个卖国贼!"原来是一些日本右翼激进分子企图在他家门口围攻他,好在保安及时帮他解了围。尽管有时感到孤单、无助、苦闷,但是,他坚定地认为:"错误的终究是错误的,只有真理才能够经得起时间的考验。"他坚信他的行为会得到正直人的认可。

无论如何,他都不愿放弃自己的职业梦想。为了不让自己出演的角色"类型化",矢野浩二决定不再出演日本人,而尝试出演中国人。出演中国人的关键是要克服语言关。大段大段的中文台词成了矢野浩二需要攻克的难题。每场戏开拍的一个星期前,矢野浩二就开始背台词,直到

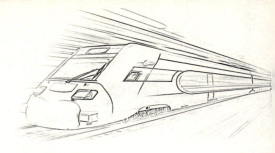

能够将台词背得烂熟于心。可难上加难的是,很多情况下导演会根据实际需要临时加戏、删戏或者改戏。尽管对自己的努力付诸东流感到惋惜,但是为了获得更好的艺术效果,他只有激励自己在下一次表演中表现得更好。矢野浩二苦练中文,最终他不仅能快速地记住中文台词,就连用中文上脱口秀节目也能应对自如。

  日复一日的艰苦付出、年复一年的不懈努力都没有白费,时间是最好的见证者。矢野浩二善良正直的品质、勇于坚持真理的勇气和为了梦想而执着打拼的精神为公众传递了"正能量"。他不仅在中国受到欢迎,也渐渐赢得了日本人的尊敬。

  如今,矢野浩二已来中国十几个年头。在这里,矢野浩二成就了自己的事业,并在中国娶妻生子。在提到他的朋友时,他一脸喜悦地说:"来中国这么多年,相信我的人、支持我的人都是我珍惜的朋友。我们之间没有任何国界之分,人与人之间关系很亲密。中国的朋友们度量大,处理大事小事、困难事、麻烦事都游刃有余。中国是我的第二家乡,我的女儿也是中国籍,我爱中国。"

明治天皇 明治天皇(1852～1912),名睦仁,孝明天皇次子。1867年即位,次年改元明治,自京都迁都东京。当时,日本发生维新运动,1868年初发出《王政复古大号令》,推翻江户幕府统治,而后实行一系列改革,并颁布《帝国宪法》,建立天皇专制政权。其在位时,日本资本主义迅速发展,走上军国主义、帝国主义道路。

❋ ❋ ❋

逆水行舟,不进则退。

——(清)梁启超

后记

　　这套"梦想的力量：中国梦青少年读本"丛书得以出版，首先要感谢北京师范大学出版集团和安徽大学出版社的大力支持与帮助。感谢安徽大学出版社康建中社长不辞辛苦地从安徽赶来北京师范大学参加我们的审稿研讨会，并提出了重要的具有建设性的意见。感谢安徽大学出版社赵月华总编辑，这套丛书从最初的构思、策划，到最终的出版、发行，都凝聚着她的智慧和心血。社长和总编把这套丛书的读者定位在青少年身上，体现了他们对"中国梦"本质内涵的深刻理解，凸显了他们为实现"中国梦"所担负的社会责任感。同时，还应该感谢安徽大学出版社王先斌等编辑，他们在每一本书的编辑过程中都提出了许多宝贵而中肯的意见。

　　当然,本丛书各卷撰写者都是在繁忙之中,集中时间和精力,全力以赴地完成书稿的,付出了许多的辛劳和汗水。另外,还要感谢丁子涵、郝思聪、任敏、张悦等几位研究生,他们在查找资料、校对书稿等方面做了大量工作。

　　从开始策划到完稿,时间太仓促了,因此难免会有一些纰漏和不足,还请各位读者给予指正!

刘　勇　李春雨
2014 年 5 月